Dromen *ontcijferd*

Dromen
ontcijferd

DR. FIONA ZUCKER
JONNY ZUCKER

Librero

Oorspronkelijke titel: *Dream Decoder*

Postbus 72, 5330 AB Kerkdriel
WWW.LIBRERO.NL

Uitgever: Piers Spence
Artdirector: Moira Clinch
Illustraties: Elsa Godfrey, Mandy Pritty
Fotografie: Rosa Rodrigo, Les Weiss
Research afbeeldingen: Laurent Boubounelle

Productie Nederlandstalige editie: Textcase, Utrecht
Vertaling: Sandra van Bijsterveld

Printed in China

ISBN 978-90-5764-657-7

INHOUD

DROOM-
WERELD

Dromen kunnen in veel opzichten verschillen van ons echte leven. In onze dromen kunnen we dingen zien en horen die normaal lijken en toch reageren we er bizar op; of we dromen zonder gêne over dingen die ons bij bewustzijn zouden choqueren. Het is niet eenvoudig te verklaren waarom we dromen of waarom we slapen. Sinds mensenheugenis zijn er veel fysiologische en psychologische theorieën over slapen en dromen ontwikkeld.

Dag en nacht

Slapen vormt zo'n vast onderdeel van ons leven dat we er nauwelijks over nadenken. Doen we dat wel, dan krijgt slapen iets raadselachtigs. Tijdens onze slaap verliezen we het bewustzijn en de controle over onze bewegingen en gedachten. Als dat in wakkere toestand zou gebeuren, zou dat beangstigend zijn. Toch ondergaan we dit proces elke nacht en weten we ook dat een gebrek aan slaap de gezondheid schaadt: het leidt tot vermoeidheid, concentratieproblemen en overgevoeligheid.

Slaapcycli

De moderne slaapanalyse werd ongeveer vijftig jaar geleden ontwikkeld. Wetenschappers raakten meer geïnteresseerd na de ontdekking dat slaap bestaat uit duidelijke fasen. Dit blijkt uit bestudering van hersengolven en algehele fysiologische activiteiten. Tijdens een gemiddelde nacht komen vier slaapfasen voor.

De cyclus van fase een naar fase vier wordt gewoonlijk zevenmaal per nacht doorlopen. Elke cyclus duurt circa negentig minuten.

De vier fasen

In de eerste fase van de slaapcyclus gaat u over van een wakkere toestand naar slapen. In fase twee begint de echte slaap, waarbij u geen prikkels van buitenaf meer waarneemt. Tijdens fase drie wordt de slaap geleidelijk dieper. In de laatste en vierde fase bereikt u een nog dieper slaapniveau. In deze fase is de ademhaling regelmatig en diep. De hartslag en bloeddruk zakken, de stofwisseling wordt trager en de elektrische activiteiten van de hersenen zijn anders dan in wakkere toestand. Als fase vier voltooid is, doorloopt u de fasen in omgekeerde volgorde, met de bijbehorende fysiologische veranderingen: de pols wordt sneller en onregelmatiger, de stofwisseling en elektrische activiteiten keren terug in de wakkere toestand, de bloeddruk neemt toe, het lichaam beweegt vaak en er kan een penis- of clitoriserectie optreden. Gedurende deze veranderingen lijkt u bijna wakker te worden, maar het zal juist moeilijker zijn om u in deze slaapfase te wekken dan tijdens het diepe niveau van fase vier.

Remslaap

Fase vier staat bekend als de *rapid eye movement,* de remslaap. De naam wijst op het snelle bewegen van de ogen onder de gesloten oogleden: een teken dat het dromen begint. Dromen komen ook voor in fase een, twee en drie van de slaapcyclus, maar minder vaak dan in de remslaap; ook zijn de dromen in de andere fasen minder levendig. Er wordt wel beweerd dat aan de snelle oogbewegingen gezien kan worden dat de dromer de gebeurtenissen in zijn droom bekijkt.

In 1953 begonnen de Amerikaanse fysioloog Nathaniel Kleitman en zijn leerling Eugene Aserinsky een klinische studie naar dromen. Ze ontdekten dat mensen die gewekt werden op het moment dat de elektrische impulsen van de hersenen een bepaald ritme hadden, zich bewust waren dat ze hadden gedroomd. Deze perioden van hersenactiviteiten en dromen vielen ook samen met de snelle oogbewegingen. Met deze ontdekkingen begon de bestudering van dromen en droompatronen.

Waarom slapen we?

Aristoteles geloofde dat het lichaam tijdens de slaap bepaalde dampen uitscheidt, zodat voedsel vanuit de maag over de rest van het lichaam kon worden verspreid. Ook enkele onderzoekers in de vroege 20e eeuw dachten dat stoffen zoals koolstofdioxide, cholesterol en melkzuur zich in wakkere toestand ophopen in de hersenen en tijdens de slaap worden verdeeld over het lichaam.

Een andere populaire theorie stelde dat we eenvoudigweg slapen om op krachten te komen. Deze uitleg leek echter niet volledig, aangezien ze geen verklaring bood voor de behoefte aan met name de remslaap. Pasgeboren baby's verkeren bijvoorbeeld de helft van de tijd dat ze slapen in remstaat. Ook is bij de meeste zoogdieren, vogels en reptielen een remstaat vastgesteld. Bovendien heeft onderzoek uitgewezen dat mensen bij gebrek aan remslaap overgevoelig worden en problemen hebben met concentratie en het geheugen. Mensen met een gebrek aan 'niet-remslaap' hebben daarentegen minder en korter last van problemen. Het lijkt er dus op dat lichaam en geest in niet-remslaap rusten en op krachten komen. Het belang van de remslaap lijkt daarentegen niet zozeer fysiologisch als wel psychologisch te zijn.

Het belang van dromen

Ondanks de vele onderzoeken naar slaappatronen stelt de menselijke behoefte aan dromen ons nog steeds voor vele raadsels. Ontdoen we ons door te dromen van ongewenste ervaringen? Verwerken we er de dagelijkse gebeurtenissen mee? Of zijn het oefeningen voor dat deel van de hersenen dat inactief is als we wakker zijn?

Dromen worden in laboratoria bestudeerd, zodat ze direct weer kunnen worden opgeroepen. Zo hebben wetenschappers ontdekt dat de meeste dromen, ook die tijdens de remslaap, bestaan uit heel gewone, realistische ervaringen en niet uit bizarre, ongerijmde gebeurtenissen. Daarnaast zijn dromen meestal geen waarheidsgetrouwe opgeroepen herinneringen; dromen zijn eerder nieuwe ervaringen die een thematische samenhang vertonen, zoals een verhaal of een roman. In de meeste dromen staan de emoties van de dromer in logisch verband met de situatie in de droom.

Waarschijnlijk hebben dromen een aantal complexe en met elkaar verbonden fysiologische en psychologische functies. Eén ding is echter duidelijk: de dromen van ieder individu bevatten aspecten van zijn of haar psyche en situatie, zoals levensomstandigheden, relaties en ervaringen. Daarom kan bewustzijn van dromen ons helpen onze gedachten en emoties beter te begrijpen.

DROMERS IN DE OUDHEID

De fascinatie voor dromen en hun betekenis bestaat al eeuwen. De eerste droomverklaarders dachten dat in dromen contact met de goden werd gelegd. Tijdens de 12e dynastie (ca. 1791-1786 v.Chr.) begonnen Egyptenaren symbolen in de dromen te registreren en na te denken over de betekenis ervan. De Babyloniërs en de oude Hebreeën waren ook gefascineerd door de droomwereld en werden geïnspireerd door de Egyptische geschriften. De oude Hebreeën gingen een stap verder met droomanalyse en keken ook naar de invloed van het dagelijks leven van de dromer.

Boodschappen in dromen

In de 8e eeuw v.Chr. kwam in Homerus' epos de *Ilias* een boodschap in een droom voor. Zeus, koning der goden, zond in een droom een boodschap aan Agamemnon, de bevelhebber van de Griekse troepen bij Troje. Net als de Egyptenaren geloofden de Grieken dat dromen geneeskrachtige eigenschappen hadden. Mensen die wilden genezen, sliepen lange tijd in tempels hopend op een droom die op genezing zou duiden.

> *"Ga, kwade droom, naar de schepen van de Grieken, naar de zoon van Atreus, naar Agamemnons tent en zeg tegen hem letterlijk, wat ik thans zeggen ga."*
> **Ilias**

In het oude Egypte lieten mensen met emotionele problemen hun dromen soms analyseren door een priester, een voorloper van de freudiaanse psychoanalyticus.

In de 5e eeuw v.Chr. veranderden de ideeën over dromen en de rol van het bovennatuurlijke werd minder belangrijk bij de interpretatie. Sommige Griekse filosofen stelden dat dromen het product van het individu waren, zonder dat er een verband bestond met buitenstaanders – zelfs niet met de godenwereld. Plato (circa 428-348 v.Chr.) was vooral geïnteresseerd in de invloed van dromen op het mentale en fysieke leven van een persoon en dacht dat gedroomde boodschappen signalen waren voor hoe iemand zijn of haar leven moest leiden. In zijn beroemde dialoog *Phaedo* noemde hij Socrates' beslissing om voor muziek en kunst te kiezen het resultaat van een droom.

Metaforen en hun medisch belang

Aristoteles (384-322 v.Chr.) beschouwde dromen meestal niet als profetisch, maar zag verbanden tussen dromen en herinneringen aan gebeurtenissen in het dagelijks leven van de dromer. Ook schreef Aristoteles over dromen die worden veroorzaakt door de menselijke zintuigen. Als iemand het tijdens het slapen bijvoorbeeld erg warm krijgt, kan hij of zij gaan dromen van hitte of vuur.

Aristoteles dacht dat metaforen essentieel waren voor droomanalyse. Hij suggereerde dat droombeelden niet eenvoudigweg weerspiegelingen zijn van het dagelijks wereld, maar metaforen voor andere beelden en situaties. Dit standpunt vormt de basis van de moderne droomanalyse.

Nog voor Aristoteles beschouwde de geneesheer Hippocrates (circa 460-357 v.Chr.) –de grondlegger van de moderne geneeskunde– dromen als een diagnostisch hulpmiddel. Andere Griekse denkers sloten zich hierbij aan en zo werden veel oude Grieken medisch behandeld op basis van dromen over ziekelijke lichaamsdelen.

Romeinse interpretaties

Omstreeks 150 n.Chr. stelde de Romeinse geleerde Artemidorus een

vijfdelig werk samen met de titel *Oneirocriticon (De verklaring van dromen)*. In dit werk steunde hij de theorie dat dromen hun wortels hebben in het dagelijks leven van de dromer. Bij de interpretatie van een droom moesten daarom de sociale status, de werkplek, en de mentale en fysieke conditie van de dromer worden betrokken om de inhoud en betekenis te kunnen ontcijferen.

Dromen in het Oude Testament

Veel dromen en droomsymbolen komen voor in het Oude Testament, zoals het bekende verhaal van Jozef, de lievelingszoon van Jakob. Omdat Jozef vaak droomde dat hij superieur was aan zijn broers, veroorzaakten de dromen ernstige rivaliteit onder de broers. Jozefs broers spanden samen om hem te verbannen, terwijl ze hun vader vertelden dat hij dood was. De droomanalysen van Jozef bleken echter nuttig. Hij hielp de machtige Egyptische farao bij de interpretatie van een droom die hem kwelde.

Ook Daniël was een beroemde droomverklaarder. Hem werd gevraagd een droom van de koning van Babylonië, Nebukadnezar, te interpreteren. In die droom werd vanuit de hemel bevolen dat een prachtige boom, die alle dieren van het universum huisvestte, moest worden gekapt. Nebukadnezar moest aan de overblijfselen van de boom worden geketend. Daniël zag in de droom een boodschap voor de koning: ondanks zijn koninklijke waardigheid moest hij accepteren dat in de hemel een grotere macht de ultieme heerser was.

Visioenen in het Nieuwe Testament

In een interpretatie van het Nieuwe Testament, geschreven in de 4e eeuw n.Chr., stelde St. Johannus Chrysostomos dat God zichzelf en zijn boodschap in dromen openbaarde. Hij geloofde dat mensen niet verantwoordelijk zijn voor de inhoud van hun dromen en zich niet schuldig hoeven voelen over schandelijke beelden.

Misschien wel de bekendste droom uit het Oude Testament: Jakob droomt van een ladder van de aarde naar de hemel: een communicatiemiddel tussen de engelen Gods en de aarde.

Religieuze openbaringen

Ook in de islam zijn dromen belangrijk. De profeet Mohammed, de stichter van de islam, zou grote delen van de Koran via dromen hebben doorgekregen. Ook is bekend dat hij de dromen van zijn volgelingen interpreteerde.

Uit India is een lange boeddhistische traditie van droominterpretatie afkomstig. Boeddha's moeder had een droom waarin een kleine witte olifant in haar baarmoeder kwam. Brahmanen zagen hierin de voorspelling van de geboorte van een groot leider.

Volgens volgelingen van Zarathustra staan dromen in verband met het tijdstip waarop ze voorkomen en worden ook de interpretaties daardoor beïnvloed.

WERELDDROMERS

In de westerse wereld bestaat een lange traditie van droomanalyse, maar ook andere culturen zijn rijk aan droominterpretaties. Vaak zijn er opvallende verschillen. Voor indianen zijn dromen en hun boodschappen een manier om gebeurtenissen te voorspellen en te begrijpen. In veel oosterse tradities wordt aangenomen dat de dromer zijn droomwereld wel degelijk kan beïnvloeden.

Oosterse droomanalyse

Veel oosterse droomverklaarders geloven dat ze hun droomwereld kunnen beheersen en zo kunnen streven naar persoonlijke groei en spirituele ontwikkeling. Sommigen beweren zelfs –in tegenstelling tot de meeste westerse denkers– dat het mogelijk is te dromen bij bewustzijn. Door te dromen bij bewustzijn kan de dromer de grootste spirituele doelen behalen.

Sommige oosterse filosofen beschrijven het slaapproces als een voorbereiding op de dood. Steeds wanneer we slapen, bereiden we onszelf voor op het moment dat we moeten sterven. Het is dus in het belang van de dromer om zich zo kalm en comfortabel mogelijk voor te bereiden op het slapen en dromen.

Indianendromen

Verschillende indianenstammen hebben hun eigen technieken om in droomtoestand te geraken en dromen te interpreteren. Ze geloven echter allemaal in de wilskracht van de dromer. Volgens deze overtuiging kan de dromer een bepaald soort droom afdwingen door zich voor het dromen op de gewenste thema's te concentreren. De droom die dan volgt, kan de dromer laten zien hoe hij moet handelen in zijn dagelijkse bestaan. Ter voorbereiding op de gewenste droom wordt gebeden, gemediteerd en gevast. Voor het opwekken van de droomtoestand wordt het ook belangrijk gevonden dat de dromer zich op een vredige, afgeschermde plaats bevindt.

Indianen geloven dat ze in hun dromen een spirituele gids kunnen tegenkomen, die hen in een bepaald opzicht kan helpen. Deze gids van de geest kan meermalen verschijnen in dromen en specifieke kennis of vaardigheden overdragen, zoals een manier om iets te begrijpen of hoe een aspect van het dierenrijk zou kunnen helpen.

Droombeheersing

In de jungle van Maleisië hebben de Senoi hun eigen manier van droominterpretatie ontwikkeld. Ze geloven dat dromen, terwijl ze zich voordoen, beheerst en positief beïnvloed kunnen worden. Een dromer die met gevaar geconfronteerd wordt, moet het direct zien te keren. Als in de droom

iets goeds gebeurt, moet de dromer dat met beide handen aangrijpen; als de dromer iets kwaadaardigs te horen krijgt, moet hij weigeren te luisteren. Zo staan de interpretaties van de Senoi in verband met de emotionele ontwikkeling van de dromer. Het leren omgaan met angsten in dromen kan de dromer bijvoorbeeld helpen beter met angsten in het dagelijks leven om te gaan. Het verwelkomen van plezier in dromen kan een positieve houding in wakkere toestand stimuleren. Dromen werkt dus twee kanten op: onze dromen worden beïnvloed door ervaringen in het dagelijks leven, maar het omgekeerde kan ook.

Een gedeelde ervaring

In de traditie van de aboriginals in Australië worden dromen vaak en in gezelschap naverteld. Voor sommige stammen zal er in een droom die tegen de verwachtingen van de gemeenschap ingaat –bijvoorbeeld een man die seksuele dromen heeft over een vrouw met wie hij niet getrouwd is– altijd iets tussenbeide komen.

Dromen spelen een essentiële rol in de traditie van de aboriginals, die geloven dat het universum het product is van een reeks dromen.

DROOMPSYCHOLOGIE

Iedereen die de moderne droomanalyse bestudeert, moet beginnen met de theorieën van de grondleggers ervan: de Oostenrijkse psychiater Sigmund Freud (1856-1939) en zijn Zwitserse collega, Carl Gustav Jung (1875-1961). Deze theorieën worden op grote schaal beschouwd als de basis van alle hedendaagse droomanalysen.

Bewust versus onbewust

Het bewuste –dat actief is als we wakker zijn– wordt verondersteld de gedachten en beelden te omvatten die iemand heeft als hij wakker is en waarvan hij zich volledig bewust is. Het onbewuste omvat onderdrukte gedachten, gevoelens en herinneringen waarvan iemand zich niet geheel of helemaal niet bewust is. Psychologen zijn van mening dat het onbewuste onze emoties en gedrag beïnvloedt. Het onbewuste is echter niet zomaar te bereiken. Hypnose, vrije associatie en meditatie kunnen hierbij helpen, maar de belangrijkste toegang tot het onbewuste wordt gevormd door dromen.

Freuds interpretatie

Sigmund Freud was baanbrekend toen hij dromen ging gebruiken om toegang te krijgen tot het onbewuste van mensen. In zijn klassiek geworden boek *De droomduiding* (1899) vatte hij de bestudering van dromen door de eeuwen heen samen. Het werk was om twee redenen zeer invloedrijk: het introduceerde een concept waarmee dromen wetenschappelijk bestudeerd konden worden en het gaf een overzicht welke vragen gesteld moesten worden voor een droomanalyse.

Freud onderzocht wat het doel van dromen zou kunnen zijn. Ook bekeek hij hoe dromen zouden kunnen worden gebruikt om de werking van de menselijke geest beter te begrijpen. Hij geloofde dat een succesvolle interpretatie van dromen van belang zou kunnen zijn voor de behandeling van psychologische problemen en dat dromen konden worden gebruikt om de vooruitgang van patiënten in de gaten te houden.

Diepe verlangens

Freud stelde dat de geest zowel op een primair als secundair niveau actief is. Tijdens het dromen vindt een 'primair proces' plaats, waarbij de onbewuste verlangens of angsten van de dromer in de vorm van symbolen in de droom voorkomen.

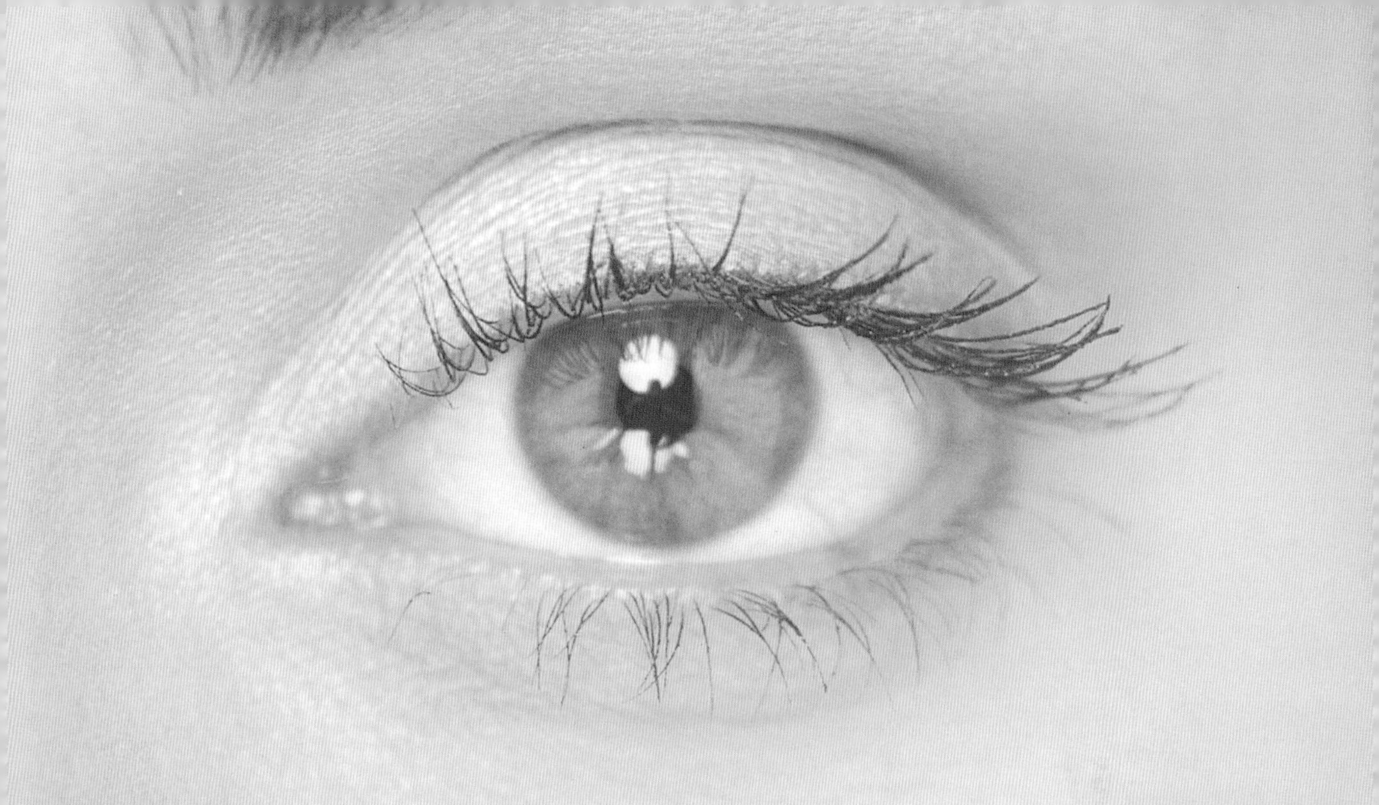

Met het secundaire proces wordt de onderdrukking van deze impulsen en symbolen door het bewuste in wakkere toestand aangeduid.

Wat Freud betreft, hadden dromen over het algemeen te maken met de diepste verlangens van de dromer. Daarnaast beweerde hij dat de oorsprong van dromen vooral lag in emoties en ervaringen in de kindertijd. Freud stelde bovendien dat dromen vaak manieren waren waarop de geest seksuele of erotische verlangens uitdrukte, en dat veel droombeelden symbolen waren voor seksualiteit. In zijn interpretaties werden lange voorwerpen dus vaak geassocieerd met de penis en bepaalde vruchten met borsten.

Id en ego

Freud onderscheidde het id als het deel van de geest dat onze primitieve instincten omvat en het ego als dat deel dat verbonden is met moraliteit, logica en rationaliteit. Hij stelde dat het id tijdens het dromen onze onbewuste verlangens verbeeldt.

De functie van droomsymbolen stelt mensen volgens Freud in staat tegelijkertijd te slapen en de oerverlangens van het id uit te drukken. Zo komen de verlangens tot uitdrukking zonder door te dringen tot het bewustzijn, behalve als de droomsymbolen geanalyseerd worden.

Freud baseerde veel van zijn droominterpretaties op het concept van het id en de onderdrukte verlangens van het onbewuste. In de jaren '20 van de 20e eeuw waren veel wetenschappers en psychologen het oneens met deze theorie. In hun ogen vertegenwoordigden dromen geen verborgen verlangens, maar waren ze de voortzetting en weerspiegeling van het dagelijks leven van de dromer. Freud herzag zijn ideeën uiteindelijk en maakte onderscheid tussen dromen onder invloed van het id en dromen die afstamden van ervaringen in het dagelijks leven van de persoon.

Vrije associatie

Freud ontwikkelde de idee van de vrije associatie, een oefening waarmee de dromer in wakkere toestand toegang zou kunnen krijgen tot het onbewuste. De techniek omvat globaal drie stadia. In het eerste stadium concentreert de dromer zich op een recente droom. In het tweede stadium laat de dromer zijn gedachten de vrije loop en bekijkt welke woorden of beelden in verband met de droom komen bovendrijven. In het derde stadium proberen de dromer en de analyticus vast te stellen of de geassocieerde woorden of beelden een betekenis hebben voor de dromer en of hij hierdoor een vergeten herinnering of een bepaalde emotie kan oproepen.

De interpretatie van Jung

Carl Jung werkte een tijd met Freud samen, maar uiteindelijk gingen ze ieder hun eigen weg vanwege meningsverschillen op professioneel gebied. Jung dacht net als Freud dat dromen meestal verbonden zijn met het onbewuste, maar betwijfelde of dromen alleen maar het product zijn van de persoonlijke ervaringen van de dromer.

Jung ging op zoek naar identieke thema's in dromen van verschillende individuen. Hij ontdekte bij veel van zijn psychotische patiënten aanzienlijke overeenkomsten wat betreft de droombeelden, associaties en waanideeën. Jung was ook zeer geïnteresseerd in de mythologieën, wereldreligies en het occulte, en ontdekte relaties tussen belangrijke elementen uit deze werelden en steeds terugkerende thema's in dromen. Hij dacht dat deze gemeenschappelijke thema's afkomstig waren uit een verzameling historische en culturele mythen en verhalen waarvan mensen over de hele wereld kennis hebben. Jungs conclusie was dat er een 'collectief onbewuste' moest bestaan, een aangeboren schat aan informatie, die verbonden is met de menselijke neiging ervaringen op dezelfde manier te organiseren en te interpreteren, ook al hebben ze een andere cultuur en achtergrond. Zo introduceerde Jung het concept van een universeel archetype: aangeboren ideeën of patronen die in onze dromen kunnen voorkomen als fundamenteel symbool of beeld. Jung noemde dromen met archetypen 'grote dromen'.

Archetypen

Jung omschreef archetypen als oerbeelden en -ideeën die betekenisvol zijn voor alle mensen, wanneer dan ook. Hij beweerde dat archetypen niet alleen in dromen tot uitdrukking komen, maar ook in folklore, bijvoorbeeld in sprookjes en legenden.

De archetypen krijgen gestalte onder invloed van de ervaringen van het individu. Sommige zijn gemakkelijk te herkennen, zoals de boze heks, de wijze grijsaard, de mooie vrouw, de bedrieger, de held en de tovenaar. Volgens Jung kunnen droomsymbolen alleen op de juiste manier worden begrepen in combinatie met hun betekenis als archetype. Bij jungiaanse interpretaties is kennis van de verschillende archetypen dan ook essentieel en wordt er gekeken naar wat elk archetype voor de dromer zou kunnen betekenen.

Jung versus Freud

Jung vond dat de freudiaanse vrije associatie de dromer van de droom verwijderde, waardoor iemand de belangrijke symbolen geheel uit het oog kon verliezen. Daarom ontwikkelde hij een techniek die hij 'directe associatie' noemde. Hierbij kijken dromers terug op hun droom en maken ze associaties aan de hand van een klein onderdeel in plaats van de droom als geheel.

Jungs droomwerk

In zijn zoektocht naar de betekenis van dromen analyseerde Jung elk droomvoorval in drie contexten: persoonlijk, cultureel en archetypisch.

Jung kende dromen een bijna religieuze functie toe, omdat ze mensen helpen bij het ontdekken van de eigen ik. Dromen zouden volgens hem kunnen bijdragen aan een proces dat individuen naar spirituele verlichting kan leiden. Voor Jung was een droom dus niet slechts een weerspiegeling van onderdrukte verlangens of een manier om wensen uit te zien komen, maar ook een communicatiemiddel van mensen met hun hogere of wijzere ik. Ook kon een droom de kern onthullen van de problemen van een persoon, en aanwijzingen geven over een mogelijke oplossing.

Spirituele groei

Als beeld voor de plaats waar de meeste mensen wonen, koos Jung de kelder van een prachtig huis. Het huis had allerlei fascinerende kamers en representeerde het enorme potentieel dat alle mensen hebben wat betreft creatieve en spirituele groei. Velen van ons beperken zichzelf echter tot de kelder en

realiseren zich niet waartoe een ontdekking van de rest van het huis zou kunnen leiden. Voor Jung boden dromen toegang tot de andere kamers van het huis, die konden worden ontdekt door interpretatie van dromen.

Gecodeerde berichten

Net als Freud dacht Jung dat dromen een symbolische betekenis hadden en benadrukte hij dat ze niet op basis van de eerste indruk moesten worden beoordeeld. Dromen bevatten volgens Jung gecodeerde berichten, die worden geopenbaard in segmenten. Ons bewustzijn kan deze begrippen begrijpen en verwerken. Volgens Jung zouden mensen, naarmate ze meer begrijpen van de verschillende betekenisniveaus van hun dromen, steeds meer aspecten van hun persoonlijke en emotionele leven begrijpen.

Perls en het persoonlijke

De grondlegger van de gestalttherapie, Fritz Perls (1893-1970), geloofde dat alle droomsymbolen projecties zijn van de wereld van de dromer zelf en de manier waarop hij zijn leven wil leiden. Bovendien representeren de symbolen elementen van de psyche van de dromer, waarvan hij zich in wakkere toestand niet bewust is. Hij keurde Jungs idee van droomsymbolen als onderdeel van een universele taal dus af en beschouwde ze als zeer persoonlijke creaties van afzonderlijke dromers. Ook wees hij Freuds idee van de hand dat dromen instinctieve of onderdrukte verlangens uitdrukken. Volgens Perls weerspiegelen dromen ervaringen van de dromer in wakkere toestand.

Voor Perls weerspiegelt een droom onopgeloste persoonlijke en emotionele kwesties waar de wakkere persoon zich niet mee bezighoudt. De therapeutische waarde van dromen bestaat uit het vaststellen van de exacte persoonlijke betekenissen achter de droombeelden; op deze manier zou de dromer emotionele problemen kunnen oplossen. Om droombeelden te interpreteren, ontwikkelde Perls een reeks rollenspellen, waarin de dromer de rol van elk personage of voorwerp in de droom aannam.

Perls' benadering van droomanalyse verschilde aanzienlijk van die van Freud en Jung, want de interpretatie wordt uitgevoerd door de dromer zelf en niet door de droomanalyticus. Met behulp van de eigen levenservaring moet de dromer zelf zijn dromen interpreteren. De therapeut of leden van een therapeutische groep kunnen suggesties aandragen, maar de dromer moet zelf de betekenis van de droom ontdekken, zonder dat een mening van buitenaf wordt opgelegd.

Dromen zonder betekenis

Medard Boss was een van de grondleggers van de existentiële psychologie. Volgens deze theorie kiest iedere persoon voor een bepaalde richting in het leven en die keuze komt tot uitdrukking in alle aspecten van zijn gedrag. In 1958 schreef Boss *De analyse van dromen*, waarin hij beweert dat de gebeurtenissen in dromen niet in symbolen moeten worden ontleed, maar op de eerste indruk moeten worden beoordeeld. Dromen vertegenwoordigen eenvoudigweg het leven, aldus Boss, en omdat het leven betekenisloos is, geldt dat ook voor dromen.

Sommige psychologen zijn het eens met de benadering van dromen zonder symbolen, maar ze kennen ze wel een functie toe. Dromen kunnen ervoor zorgen dat we herinneringen kwijtraken die onze geest anders zouden volstoppen.

OVERZICHT van DROOMSYMBOLEN

Hoewel het dromen in eerste instantie een persoonlijke ervaring is, is het duidelijk dat bepaalde thema's steeds terugkomen bij verschillende mensen. Deze thema's kunnen worden geïdentificeerd aan de hand van beelden of symbolen. Een zorgvuldige studie naar de betekenis van elk symbool kan het achterliggende thema onthullen en daarmee de betekenis van de droom. De gevoelens die de dromer ervaart, kunnen ook aanwijzingen geven.

DROOMGIDS

Hieronder vindt u een overzicht van de droomsymbolen die in dit boek worden geïnterpreteerd. Hierin kunt u snel opzoeken welke positieve boodschappen, negatieve implicaties en veelvoorkomende emoties met het droomsymbool verbonden zijn.

LEVEN EN DOOD

	POSITIEF	NEGATIEF	EMOTIES
Baby **ZIE BLZ. 29**	Binnenkort kan zich een origineel idee voordoen	Een hongerige baby duidt op de wens naar voeding op lichamelijk of geestelijk gebied	U zoekt misschien contact met het kind in u
Verjaardag **ZIE BLZ. 30**	Verjaardagen in dromen voorspellen geluk	Een vergeten verjaardag duidt op angst om alleen te zijn	Misschien voelt u angst voor ouder worden
Bruiloft **ZIE BLZ. 31**	Een droom over uw eigen bruiloft duidt op een nieuwe relatie die standhoudt	Misschien moet u niet zo uw best doen om de perfecte partner te vinden	Blijdschap over een bruiloft duidt op vertrouwen in de standvastigheid van een relatie
Verdrinken **ZIE BLZ. 32**	Dromen over verdrinking duiden op de overwinning van obstakels	Verdrinkingsdromen kunnen duiden op het gevoel de controle kwijt te zijn	Dit duidt erop dat u zich overrompelt voelt door uw huidige situatie
Zwangerschap **ZIE BLZ. 32**	Dit kan op een wensvervulling wijzen	Als u geen baby wilt, bent u misschien bang een kind te krijgen	Dit toont de verzorgende kant van uw persoonlijkheid
Doop **ZIE BLZ. 33**	Een nieuw project of initiatief zal succesvol verlopen	Onvoorziene omstandigheden in de toekomst kunnen teleurstellend zijn	Deze droom duidt op de wens sterker en assertiever te worden
Levend begraven **ZIE BLZ. 33**	U hebt iets laten rusten	Tegenslag en moeilijke tijden kunnen in het verschiet liggen	U voelt zich misschien gevangen in een bepaalde situatie
Begrafenis **ZIE BLZ. 33**	Dromen over begrafenissen kunnen vieringen in de toekomst voorspellen	Dit kan een gevoel van vijandigheid tegenover de overledene weerspiegelen	Verdriet kan betekenen dat u zou moeten nadenken over uw gevoelens voor de overledene
Skelet **ZIE BLZ. 33**	Modellen van skeletten kunnen de komst van nieuwe collega's voorspellen	Misschien maakt u zich zorgen over een probleem thuis	Dit duidt op angst voor vernedering
Moord **ZIE BLZ. 34**	Dit duidt op positieve veranderingen: het oude loopt af en het nieuwe begint	Misschien lijdt u onder enorme emotionele stress	Iemand of iets heeft misschien bitterheid, afgunst of boosheid in u opgewekt

Natuurkrachten

	Positief	Negatief	Emoties
Aardbeving ZIE BLZ. 39	Aardschokken kunnen positieve veranderingen voorspellen	Als u uw naasten tijdens een aardbeving ziet, kunnen ze uw hulp nodig hebben	Als u bang was, kan de droom zorgen in uw dagelijks leven weerspiegelen
Vulkaan ZIE BLZ. 39	Een vulkaan kan wijzen op een verandering in uw leven	Een inactieve vulkaan kan waarschuwen voor onbetrouwbare nieuwe projecten	Denk na over de kracht van de uitbarsting en uw reactie
Vuur ZIE BLZ. 40	Vuur in een haard binnenshuis kan duiden op troost	Misschien moet u iets in uw dagelijks leven reinigen	Het vuur kan staan voor licht, spiritualiteit of innerlijke kracht
Oceaan ZIE BLZ. 42	Een kalme oceaan kan onbezorgde tijden voorspellen	Overstroomd worden door golven weerspiegelt angst voor onderdrukte emoties	Een oceaan kan uw emotionele leven vertegenwoordigen
IJs ZIE BLZ. 43	IJs buiten de winter kan duiden op een goede oogst of het rijpen van ideeën	Misschien is het tijd om een uitgesteld plan op te starten	Felle kou weerspiegelt meestal een extreme emotie
Hemel ZIE BLZ. 44	Een heldere hemel kan plezierige tijden voorspellen	Een bewolkte hemel kan turbulente tijden voorspellen	De uitgestrektheid van de hemel kan duiden op uw creativiteit
Zon ZIE BLZ. 44	Een zonsopkomst kan positief nieuws voorspellen	Een ondergaande zon kan duiden op een neerwaartse spiraal in uw leven	Een felle zon wijst op innerlijke kracht
Hagel ZIE BLZ. 45	Het einde van een hagelbui kan een positieve verandering in uw leven aangeven	Verrast worden door een hagelstorm kan jaloezie weerspiegelen	Genieten van hagelsteentjes op uw gezicht kan duiden op hang naar uitdagingen
Bliksem ZIE BLZ. 45	Een plotselinge bliksem kan duiden op een goed idee	Bedenk wat het voorwerp dat door de bliksem getroffen werd, voor u betekent	Bliksem in dromen heeft vaak te maken met inspiratie en kracht
Ster ZIE BLZ. 45	Een sterrenhemel kan duiden op voorspoedige tijden	Bleke sterren kunnen voor moeilijkheden in de toekomst staan	Was u vlak bij de ster, dan kan dat betekenen dat u op het punt staat uw ambities waar te maken
Storm ZIE BLZ. 45	Beschutting vinden duidt op een oplossing voor een relatieprobleem	Dromen over stormen kunnen te maken hebben met zorgen over obstakels	De duur van de storm kan in verband staan met de omvang van uw problemen
Rivier ZIE BLZ. 46	De rivier oversteken duidt op een grote verandering	In een rivier vallen wijst op problemen thuis	Maakte de rivier in de droom u bang of kalm?
Donder ZIE BLZ. 46	Donder vlakbij kan voor een overwinning of huwelijksgeluk staan	Een donderslag vlakbij wijst op de noodzaak van een verandering	Een knallende donder duidt op de spoedige oplossing van een probleem
Maan ZIE BLZ. 47	Een heldere maan houdt persoonlijk of zakelijk succes in	Een maansverduistering kan een slecht voorteken zijn	Naar de maan vliegen weerspiegelt de wens om te reizen
Planeten ZIE BLZ. 47	Er is misschien een belangrijke verandering op komst	Dromen over andere planeten duiden op ontevredenheid met de dagelijkse routine	Misschien hebt u het gevoel dat u uw leven radicaal moet omgooien

Planten en een natuurlijke omgeving

	Positief	Negatief	Emoties
Bloemen ZIE BLZ. 51	Gewone bloemen kunnen te maken hebben met een veilig gevoel	Een bloemenkrans wordt vaak geassocieerd met vijandige gevoelens	Bloemen sturen duidt op de behoefte aan erkenning
Gras ZIE BLZ. 52	Een net gazon kan staan voor een goed georganiseerd zakelijk project	Woekerend gras duidt op stress in het dagelijks leven	Hoe ver reikte het gras? Welke kleur had het?
Bomen ZIE BLZ. 52	Een gezonde boom weerspiegelt de mogelijkheid doelen te bereiken	Een rottende of dode boom kan staan voor ongenoegen of angst	Bomen kunnen uw perceptie van uw persoonlijke groei symboliseren
Takken ZIE BLZ. 53	Zwaaiende takken duiden op nieuwe activiteiten	Gebroken takken duiden op zorgen	De takken kunnen uw familiebanden vertegenwoordigen: bekijk goed hoe en of ze groeiden
Struikgewas ZIE BLZ. 53	Gezonde struiken hebben vaak te maken met steun	Een kale struik waarschuwt voor te veel vertrouwen op geluk	Een struik snoeien duidt op een snelle ontrafeling van een geheim
Heuvel/berg ZIE BLZ. 53	Boven op een heuvel of berg staan duidt op trots en eer	Ploeteren om een heuvel of berg te beklimmen duidt op een moeilijk probleem	Hulp bij het klimmen kan weerspiegelen in hoeverre u zich gesteund voelt in het leven
Bladeren ZIE BLZ. 53	Fruitboombladeren kunnen financiële voorspoed voorspellen	Bladeren die met de wind meewaaien kunnen wijzen op onenigheid in de familie	De positie van de bladeren aan de boom kan weerspiegelen hoe evenwichtig u zich voelt
Fruit ZIE BLZ. 54	Fruit plukken in het seizoen kan staan voor persoonlijk geluk	Rottend fruit kan wijzen op het voortijdige einde van een hoofdstuk in uw leven	Fruit in dromen kan de onderbewuste ontwikkeling van uw innerlijke ik symboliseren

PERSONEN EN LOCATIES

	POSITIEF	NEGATIEF	EMOTIES
Bruid & bruidegom ZIE BLZ. 59	Vooral als u bruid of bruidegom was, gaat het om vervulling van een wens	U voelt misschien jaloezie of rivaliteit	Het gaat om toewijding aan een huidige relatie of bindingsangst
Vader en moeder ZIE BLZ. 60	Dromen over uw ouders kunnen voortkomen uit uw liefde voor hen	Een droom waarin uw ouders sterven vertegenwoordigt vijandige gevoelens jegens hen	De manier waarop u uw ouders ziet, kan vertegenwoordigen hoe u tegen ze aankijkt
Kasteel ZIE BLZ. 62	Een prachtig droomkasteel kan een comfortabele toekomst voorspellen	Een vervallen droomkasteel waarschuwt voor financiële problemen	Het droomkasteel kan een symbool zijn voor uzelf
Religieuze plaatsen ZIE BLZ. 62	Deelname aan een religieus ritueel kan vreugde weerspiegelen	Als u religieuze plaatsen en diensten mijdt, kan het zijn dat u zich schuldig voelt	U bent erg bezig met morele kwesties; misschien zoekt u ook naar hulp van bovenaf
Strand ZIE BLZ. 63	Dit duidt op de wens bevrijd te worden of te ontsnappen	Misschien hebt u een geheim voor een dierbare	Hoe voelde u zich op het strand in uw droom?
Onbewoond eiland ZIE BLZ. 63	Misschien is er romantiek voor u op komst	Gestrand raken op een onbewoond eiland kan afwijzing symboliseren	Wilt u misschien ontsnappen aan de massa of aan eenzaamheid?
Bekende plaatsen ZIE BLZ. 63	U bent voldaan over het verleden en tevreden met het heden	Dit duidt op ontevredenheid met uw huidige situatie	Uw reactie op de bekende plaats kan symboliseren in hoeverre u geleerd hebt van uw verleden
Hek ZIE BLZ. 63	Een hek beklimmen kan staan voor het nemen van een hindernis	Een hoog hek dat u tegenhoudt vertegenwoordigt beperkingen	Een hek kan duiden op het gevoel dat u een uitdaging tegemoet gaat
Park ZIE BLZ. 64	Dromen over parken kunnen een voldaan gevoel weerspiegelen	U moet misschien wat ruimte voor uzelf ontdekken	Het park in uw droom kan symboliseren hoe u uw leven hebt georganiseerd
Werkplek ZIE BLZ. 64	Er is misschien een positieve verandering in uw liefdesleven op komst	Weggestuurd worden van kantoor symboliseert het verlies van persoonlijk bezit	Hoe u zich voelt in het kantoor in uw droom kan te maken hebben met uw werk of thuissituatie
Kelder ZIE BLZ. 65	Dit duidt op een reis of uitbreiding van werkterrein	U voelt zich misschien gevangen of hebt de binding verloren	Een kelder kan de diepste niveaus van uw geest vertegenwoordigen
Trap ZIE BLZ. 65	Trappen kunnen staan voor succes en vooruitgang	Een eindeloze trap kan duiden op strijd	Het beklimmen of afdalen van trappen kan aspecten van uw seksuele ik vertegenwoordigen
Huis ZIE BLZ. 66	Een huis bouwen kan wijzen op gunstige mogelijkheden op zakelijk gebied	Als uw huis vernietigd werd, moet u misschien veranderingen in uw leven doorvoeren	Dromen over huizen weerspiegelen vaak uw emotionele en spirituele toestand
Koningen & koninginnen ZIE BLZ. 68	Koningen in dromen staan voor eer en respect; koninginnen voor intuïtie	U zult misschien aan bepaalde verantwoordelijkheden moeten beantwoorden	Leden van het koninklijk huis wijzen op passiviteit of een gevoel van onderdanigheid

Menselijk lichaam

	Positief	Negatief	Emoties
Borsten ZIE BLZ. 73	Borsten in dromen hebben vaak te maken met natuur en groei	Borsten kunnen wijzen op een overmatige binding aan een moederfiguur	Borsten kunnen het symbool zijn voor Moeder Aarde
Billen ZIE BLZ. 73	Schoppen tegen iemands billen kan de hoop op promotie weerspiegelen	Iemands billen willen schoppen maar missen, duidt op een mogelijke mislukking	Een seksuele teneur kan met uw seksuele verlangens te maken hebben
Bloed ZIE BLZ. 74	Een bloedtransfusie duidt erop dat u op het punt staat een probleem op te lossen	Bloedverlies kan duiden op achteruitgang	Een goede bloedsomloop kan betekenen dat u het gevoel hebt op de juiste weg te zijn
Oren ZIE BLZ. 75	Veel oren geven weer dat u zich gerespecteerd voelt door uw collega's	Als u de oren van een wild dier hebt, kan dat angst voor misleiding weerspiegelen	Dromen over oren kunnen gaan over het luisteren naar anderen of naar uw onbewuste
Haar ZIE BLZ. 76	Een onbekende vrouw met prachtig haar kan vriendschap en geluk voorspellen	Gevlochten of warrig haar wijst op complexe problemen	Verzorgd haar duidt op een gezonde innerlijke ik
Gebit ZIE BLZ. 76	Een stralende gebit kan rijkdom of vriendschap symboliseren	Een tand die langer is dan de andere duidt op angst voor een teleurstelling	Dromen waarin tandwortels voorkomen, hebben te maken met de stabiliteit van uw relaties
Voeten ZIE BLZ. 77	Voeten wassen wijst op afstand van problemen	Veel voeten die samen lopen, wijzen op materiële verliezen	Uit de kracht of vastberadenheid van de voeten kan blijken hoe u een opgave benadert
Handen ZIE BLZ. 77	Strelende handen wijzen op vriendschap of romantiek	Vieze handen duiden op een vermaning	De behendigheid van uw handen wijst op persoonlijke zaken
Benen ZIE BLZ. 77	Gezonde, sterke benen duiden op voldoening	Een houten been duidt op grote afhankelijkheid van hulp van buitenaf	Jeukende benen kunnen een teken zijn op te houden met piekeren
Ruggengraat ZIE BLZ. 77	Een rechte ruggengraat weerspiegelt innerlijke kracht en vastberadenheid	Een kromme ruggengraat kan gebrek aan wilskracht weerspiegelen	De rechtheid van de ruggengraat kan het gevoel van eenheid met uw onbewuste weerspiegelen
Ogen ZIE BLZ. 78	Dromen met scherp zicht kunnen een goed voorteken zijn	Slecht zicht duidt op behoefte aan financiële bijstand	Misschien moet u letten op een boodschap van uw onbewuste
Gezicht ZIE BLZ. 80	Een mooie gezicht van iemand anders duidt op trots	Een onbekend gezicht wijst op veranderingen in uw leven	Uw gezicht reinigen kan duiden op schuldgevoelens

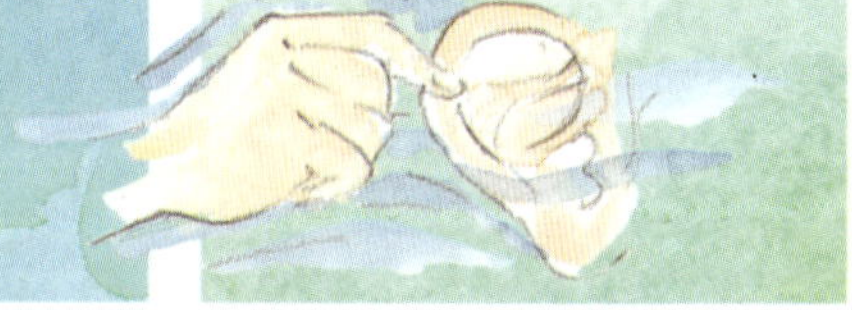

DIEREN

	POSITIEF	NEGATIEF	EMOTIES
Stier ZIE BLZ. 85	Een stier vertegenwoordigt een speciale persoon in uw leven	Een aanvallende stier kan betekenen dat iemand achter uw rug om over u praat	Een stier in toom houden wijst op een succesvolle integratie van uw animalistische natuur
Vos ZIE BLZ. 85	Het vangen of doden van een vos voorspelt dat u tegenstanders te slim af zult zijn	Mogelijk is er gevaar op komst – pas dus op	Misschien moet u opener of listiger zijn tegenover anderen
Kat ZIE BLZ. 86	Katten worden geassocieerd met vruchtbaarheid en een nieuw begin	Een dode kat wijst op tegenslag; een krabbende kat op verdediging	Een boze kat kan staan voor een kattig aspect van uw persoonlijkheid
Paard ZIE BLZ. 87	U bent in evenwicht met uzelf en uw omgeving	Angst voor een paard in de droom duidt op de angst iets te verliezen	Het tempo van het paard kan weergeven welk tempo uw leven volgens u heeft
Vogel ZIE BLZ. 88	Voorspoed en onbeperkte mogelijkheden zullen komen	Misschien wilt u ontsnappen uit een bepaalde situatie	Let op gevoelens van onafhankelijkheid en persoonlijke kracht
Dolfijn ZIE BLZ. 90	U hebt succes bij de aanpak van verstandelijke uitdagingen	Misschien hebt u nieuwe uitdagingen nodig	Uw onbewuste ik probeert wellicht te communiceren met uw bewuste ik
Vis ZIE BLZ. 90	Dromen over veel vissen kunnen geluk voorspellen	Vissen in een droom duiden op hebzucht of behoefte aan materieel bezit	Veel vissen kunnen wijzen op een ontmoeting met uw ware ik
Muis ZIE BLZ. 91	Misschien krijgt u binnenkort een veelbelovend bericht	Mogelijk is er onder vrienden of familieleden sprake van strijd of onenigheid	Misschien bent u op zoek naar een grotere emotionele kracht
Konijn ZIE BLZ. 91	Een konijn eten kan betekenen dat u uw werk graag en met succes doet	Dromen over veel konijnen duidt op de angst ondermijnd te worden door vijanden	U kunt nieuwe verantwoordelijkheden tegemoet zien die u graag aanneemt
Slang ZIE BLZ. 91	Een slang aanvallen weerspiegelt een overwinning op degenen die u willen zien falen	Een opgerolde slang duidt op gevaar of beperkingen	Dromen over slangen benadrukken uw aangeboren wijsheid of seksualiteit
Tijger ZIE BLZ. 91	Ontsnappen van een tijger is meestal een goed voorteken	Gevangen worden door een tijger duidt op gevaar	Een tijger kan wijzen op de manipulatieve aspecten van uw karakter
Leeuw ZIE BLZ. 92	Leeuwen kunnen te maken hebben met uw leidinggevende capaciteiten	Wellicht maakt u zich zorgen over kritiek van een gezagdrager	Het berijden van een leeuw wijst op behoefte aan steun
Hond ZIE BLZ. 94	Dromen over honden kunnen duiden op vriendschap, betrokkenheid en trouw	Een agressieve hond weerspiegelt angst voor een aanval	De hond in uw droom kan een bekende vertegenwoordigen
Wolf ZIE BLZ. 95	Een overwinning op een wolf kan staan voor het passeren van moeilijke hindernissen	Een beet van een wolf duidt op vrees voor kwade bedoelingen van tegenstanders	Misschien bent u bang voor het beest in uzelf of voelt u zich seksueel geremd

HANDELINGEN EN SITUATIES

	POSITIEF	NEGATIEF	EMOTIES
Tuinieren **ZIE BLZ. 99**	Deze droom kan winst en financieel succes voorspellen	Er kan verdriet in uw leven zijn	De staat van de tuin geeft de toestand van uw psyche aan
Winkelen **ZIE BLZ. 99**	Dromen over winkelen kan te maken hebben met vrijheid en keuzen	Haastig winkelen kan wijzen op een gebrek aan zelfbeheersing	Misschien gaat deze droom over uw huidige emotionele behoeften
Achtervolgen **ZIE BLZ. 100**	U werkt hard en verwacht een beloning	Achtervolgd worden kan duiden op een gemiste deadline of een dreiging	Dromen over achtervolgingen kunnen onzekerheid of onrust weerspiegelen
Naaktheid **ZIE BLZ. 101**	Naaktheid kan geluk of financiële meevallers voorspellen	Wellicht verlangt u naar kinderlijke onschuld	Mogelijk wilt u diepgang aanbrengen in uw relaties
Examens **ZIE BLZ. 102**	Dromen over slagen voor een examen voorspellen goede prestaties	Zakken voor een examen kan duiden op onbereikbare ambities	U hebt misschien het gevoel onvoorbereid te zijn
Operatie **ZIE BLZ. 102**	Operaties in dromen kunnen geluk of nieuws voorspellen	U moet misschien een hindernis passeren	Overweegt u veranderingen of verbeteringen in uw leven?
Seks **ZIE BLZ. 103**	Seksuele dromen wijzen op seksuele verlangens of ervaringen	Mogelijk voelt u zich onderdrukt of geremd in uw seksleven	Het gaat om de integratie van het verbinden van energiestromen
Wassen/baden **ZIE BLZ. 103**	Wassen in helder water kan duiden op persoonlijk geluk	Gekleed baden kan wijzen op een op handen zijnde dreiging	Mogelijk wilt u uw leven reinigen
Klimmen **ZIE BLZ. 104**	Klimmen in een droom kan een voorspoedige periode symboliseren	Als u de bestemming nooit bereikt, duidt dat op angst om te falen	Uw gevoelens tijdens het klimmen wijzen op uw gevoel over de voortgang van uw leven

ALLEDAAGSE VOORWERPEN

	POSITIEF	NEGATIEF	EMOTIES
Gereedschap **ZIE BLZ. 109**	Een droom waarin iets wordt opgetild, wijst op de behoefte aan verdere persoonlijke groei	Een ploeg wijst erop dat er hard gewerkt moet worden bij emotionele problemen	Sommige gereedschappen hebben een seksuele connotatie
Geld **ZIE BLZ. 110**	Geld ontvangen wordt beschouwd als een positief teken	Papiergeld omwisselen in munten kan wijzen op problemen bij uw financiële strategie	Ongeremd geld uitgeven kan wijzen op welwillendheid
Sieraden **ZIE BLZ. 111**	Sieraden cadeau krijgen geeft aan dat u zich gewaardeerd voelt	Een zeldzaam sieraad bekijken wijst op onvoldoende waardering voor een vriendschap	Verloren sieraden kunnen wijzen op de angst iets in het dagelijks leven te verliezen
Bezem **ZIE BLZ. 112**	Nieuwe bezems voorspellen van oudsher geluk	Een kapotte bezem kan onzekerheid weerspiegelen	Welke associaties hebt u bij de ruimte die werd geveegd?

	Positief	Negatief	Emoties
Vuilnis ZIE BLZ. 112	Misschien wilt u uw leven zuiveren van overbodige elementen	Als anderen uw vuilnis weggooien, bent u misschien bang anderen te belasten	Denk na over uw gevoelens toen u werd verlost van uw vuilnis
Envelop ZIE BLZ. 113	Open enveloppen kunnen kleine problemen voorspellen	Dichte enveloppen kunnen lastige hindernissen voorspellen	Krijgt u de envelop niet open, dan bent u wellicht gefrustreerd
Schaar ZIE BLZ. 113	Een ongebruikte schaar kan duiden op romantiek	Misschien verdeelt u uw tijd over twee projecten	Dit wijst op een uitbreiding van uw persoonlijkheid
Eten en Drinken ZIE BLZ. 114	Genieten van eten en drinken duidt op een tevreden leven	Gulzig eten en drinken kan duiden op behoeften waaraan niet tegemoetgekomen wordt	De kwaliteit en hoeveelheid van het eten kunnen symboliseren hoe tevreden u bent
Bestek ZIE BLZ. 116	Een lepel kan huislijk geluk weerspiegelen	Een mes voorspelt de beëindiging van iets aangenaams	Als u moeite hebt met het bestek kan dat duiden op frustratie
Verpakkingen ZIE BLZ. 117	Een nette verpakking kan wijzen op het overwinnen van hindernissen	Een pak met persoonlijke bezittingen kan de behoefte aan schoonmaken aangeven	Een lekkende verpakking kan u waarschuwen voor onvoorzichtigheid

Reizen

Boot ZIE BLZ. 121	Een boot kan toekomstige reizen weerspiegelen	Een ruwe zee wijst op een periode van emotionele onrust	Dit kan staan voor uw privéleven of emotioneel welzijn
Bagage ZIE BLZ. 122	Het dragen van bagage wijst op een lange reis	Verloren bagage kan bezorgdheid weerspiegelen	Bagage kan een element in uw leven zijn dat u moet kwijtraken
Snelwegen en wegen ZIE BLZ. 124	Rechte wegen geven een soepel verloop van uw leven aan	Bochtige wegen duiden op toekomstige moeilijkheden	Wegen geven de richting aan waarin u zich ontwikkelt
Vervoermiddel missen ZIE BLZ. 125	Misschien probeert u het bezoeken van een onaangename plaats te vermijden	Een vervoermiddel missen wijst op onzekerheid over uw capaciteiten	Een vervoermiddel missen wijst op angst voor gemiste mogelijkheden op het werk
Bus ZIE BLZ. 126	Reizen per bus kan erop wijzen dat u bezig bent uw doelen te bereiken	Lang wachten op een bus weerspiegelt frustratie	Was het een rustige of een ruige rit?
Passagier ZIE BLZ. 126	Misschien schuift u uw verantwoordelijkheden af op een ander	Bent u een passagier, dan voelt u zich misschien machteloos	Een groep passagiers kan staan voor aspecten van uw emotionele ik
Vliegtuig ZIE BLZ. 127	Bent u de piloot, dan kan dat succes voorspellen	Vliegtuigen die bommen gooien, voorspellen slecht nieuws	Het gaat om gevoelens van vrijheid en verlossing
Trein ZIE BLZ. 127	U voelt zich zeker over de richting van uw leven	Een stilstaande trein kan uw plannen dwarsbomen	Een trein wordt beschouwd als een symbool voor het mannelijke geslachtsorgaan
Auto ZIE BLZ. 128	U maakt kans op een comfortabel inkomen	Een autowrak kan wijzen op conflict of geen controle	Een auto kan te maken hebben met uw persoonlijke behoefte

LEVEN EN DOOD

Dromen over belangrijke momenten geven vaak het begin of het einde aan van gebeurtenissen in het dagelijks leven. Dromen over vrolijke momenten kunnen staan voor kansen om te vernieuwen en te groeien. Dromen over de dood wijzen vaak op onbewuste woede of frustratie, of eventueel de wens om verder te gaan.

Positieve betekenis
Dromen over baby's duiden vaak op creativiteit en hoop. Ze kunnen een idee symboliseren die binnenkort uw aandacht zal opeisen – uw 'geesteskind'. Dromen over baby's kunnen ook wijzen op een poging contact te leggen met uw creatieve kant.

Negatieve implicaties
Komt de baby hongerig, ontevreden of misdeeld over, dan kan het zijn dat een deel van u in lichamelijk of geestelijk opzicht naar voeding verlangt.

Emoties
De baby in uw droom kan uzelf representeren. Misschien zoekt u contact met het kind in u of verlangt u terug naar uw kindertijd. Lijkt de baby ziek, dan kan dit duiden op zorgen op privé- of zakelijk gebied.

Baby

Veel aanstaande moeders of mensen met een kinderwens hebben levendige dromen over zwangerschap, bevalling en pasgeborenen. Deze dromen kunnen gebeurtenissen in het dagelijks leven weerspiegelen, maar hebben soms ook een symbolische betekenis.

Dromen over baby's of bevallingen hebben vaak te maken met ideeën over groei of een nieuw begin. De dromer moet luisteren naar de baby en bepalen of hij een ander of de dromer vertegenwoordigt. Als de baby de dromer vertegenwoordigt, kan dat duiden op eigen kwetsbaarheid of behoefte aan verzorging. De baby kan ook de oorspronkelijke, onschuldige ik van de dromer representeren en de wens weer in die toestand te verkeren.

Kruipende/lopende baby
Een kruipende baby duidt op de eerste fasen van een nieuwe relatie of zakelijke ontwikkeling. Een lopende baby staat voor plotselinge onafhankelijkheid. Meerdere baby's voorspelen groot toekomstig geluk.

Een baby wiegen
Een baby wiegen heeft te maken met macht. Misschien overweegt u een nieuwe baan of nieuwe taken in het gezin, of wilt u zichzelf verbeteren. Een mooie baby weerspiegelt toekomstige hulp van vrienden.

Huilende baby
Een droom over uw eigen huilende baby duidt op positief nieuws. Een droom over een vreemde huilende baby waarschuwt u ervoor andermans problemen op te lossen en vraagt om meer zorg voor uzelf.

Positieve betekenis

Verjaardagsdromen voorspellen meestal geluk, vooral op financieel of professioneel gebied. Dromen over andermans verjaardag kunnen betekenen dat u hoopt op voorspoed voor die persoon.

Negatieve implicaties

Een droom waarin uw verjaardag vergeten wordt, kan wijzen op angst voor eenzaamheid of het gevoel niet gewaardeerd te worden. Uw droom kan aangeven dat u zich thuis of op het werk niet volledig gerespecteerd voelt. Hoe kunt u ervoor zorgen dat uw omgeving u meer waardeert?

Emoties

Verjaardagsdromen kunnen angst voor het ouderworden en het vervliegen van de tijd uitdrukken. U maakt zich misschien druk om uw toekomst en uw lichamelijk en geestelijk kunnen op latere leeftijd.

VERJAARDAG

Dromen over verjaardagen weerspiegelen meestal optimisme over de toekomst en tevredenheid van de dromer met de huidige omstandigheden. Beelden die met verjaardagen geassocieerd worden, hebben te maken met jovialiteit, plezier en het delen van geluk met anderen. De houding van de dromer ten opzichte van de verjaardag kan aanwijzingen bevatten over de ware gevoelens met betrekking tot zijn huidige situatie en vooruitzichten voor de toekomst. Sommige verjaardagsdromen hebben te maken met angst voor ouderdom en het te snel verstrijken van de tijd; andere kunnen enigszins zorgelijk zijn, maar zijn tegelijkertijd ook een eerbetoon aan het leven en toekomstige prestaties.

Verjaardagcadeaus

Dromen over het openmaken van verjaardagscadeaus wijzen op spanning en nieuwsgierigheid over de toekomst. Hoe voelde u zich bij de cadeaus? Deze emoties weerspiegelen uw ware gevoelens voor de gevers.

Verjaardagstaart

Een verjaardagstaart in een droom kan staan voor uw bereidheid uw leven met anderen te delen of voor hoe gul u kunt zijn met tijd of materiële zaken.

Kaarsen

Kaarsjes op een taart wijzen op een optimistisch vooruitzicht. Een taart vol kaarsjes kan ook duiden op angst voor ouderdom en de toekomst.

Positieve betekenis

Een droom over uw eigen bruiloft wijst op de ontwikkeling van een nieuwe liefdesrelatie en op de mogelijkheid dat die lange tijd stand zal houden.

Negatieve implicaties

Mogelijk vertelt uw droom u dat u niet zo uw best hoeft te doen om de perfecte partner te vinden – soms vinden we dingen juist wanneer we er niet naar zoeken. Dromen over trouwen kunnen ook te maken hebben met angst voor een relatie die erg serieus wordt.

Emoties

Als u een goed gevoel had over de bruiloft in uw droom, kan dat duiden op vertrouwen in een liefdesrelatie. Ontevredenheid duidt op angst voor beëindiging van een huidige relatie.

BRUILOFT

Dromen over bruiloften symboliseren vaak het samenkomen van mannelijke en vrouwelijke aspecten van de psyche. Daarom kunnen ze een periode van emotionele 'compleetheid' aangeven, waarin mannelijke en vrouwelijke energie gecombineerd worden. Een droom over een bruiloft kan ook andere vormen van emotionele harmonie weerspiegelen. De dromer moet proberen te achterhalen of de bruiloft in een bepaalde cultuur paste, en zo ja, wat de betekenis hiervan zou kunnen zijn. Is de dromer al getrouwd, dan kan de droom een herhaling zijn van een vreugdevolle gebeurtenis of een evaluatie van de huwelijksgeloften. Is de dromer niet getrouwd, dan kan de droom een wens zijn.

Bruidstaart

Bruidstaart eten duidt op een voorspoedige toekomst. Het kan gaan om financiële welstand, nieuwe vriendschappen of nieuwe liefdesrelaties. Probeer de smaak ervan te herinneren: was het een volle, heerlijke smaak of had de taart een vervelende nasmaak?

Trouwen in het wit

Een bruid in het wit kan uw morele instelling weergeven, bijvoorbeeld ten opzichte van seks. In het Westen staat wit voor reinheid, onschuld, vrede en geluk, maar in sommige delen van het Oosten staat wit voor rouw. Bedenk wat een kleur voor u betekent.

Bruidsmeisje

Als u het bruidsmeisje was, wat vond u dan van de bruid? Was u blij voor haar of jaloers op haar? Speelde u een actieve rol op de bruiloft of verschool u zich voor het feestgedruis? Ving u het bruidsboeket?

VERDRINKEN

Dromen over verdrinken betekenen meestal dat de dromer het momenteel moeilijk heeft en dat het niet eenvoudig is 'het hoofd boven water te houden'. Zulke dromen kunnen ook wijzen op het gevoel overrompeld te worden door een vrouw.

Positieve betekenis

Verdrinken of een ander zien verdrinken in uw droom wijst erop dat u uw huidige problemen zult overwinnen.

Negatieve implicaties

Verdrinkingsdromen kunnen erop duiden dat u controle hebt verloren. Misschien moet u snel iets ondernemen om problemen op korte termijn te omzeilen.

Emoties

Als u droomt dat u verdrinkt, kan het zijn dat u zich overrompeld voelt door een huidige situatie. Het kan ook gaan om angsten in verband met geld en toekomstige financiële problemen.

De zee

Verdrinken in zee kan duiden op onzekerheid over de toekomst. Was er land in zicht?

Zwembad

Een zwembad als locatie kan een evenwichtige mentale toestand symboliseren. Ook kan het zijn dat u tevreden bent met uw leven.

Een drenkeling redden

Dromen over het redden van een drenkeling kunnen uw strijdlustige kant vertegenwoordigen of duiden op een hulpkreet van een naaste.

ZWANGERSCHAP

Dromen over zwangerschap worden vaak geassocieerd met creativiteit en het werken aan een idee. Jung beschouwde dit soort dromen als symbool voor een nieuwe fase in de persoonlijke ontwikkeling.

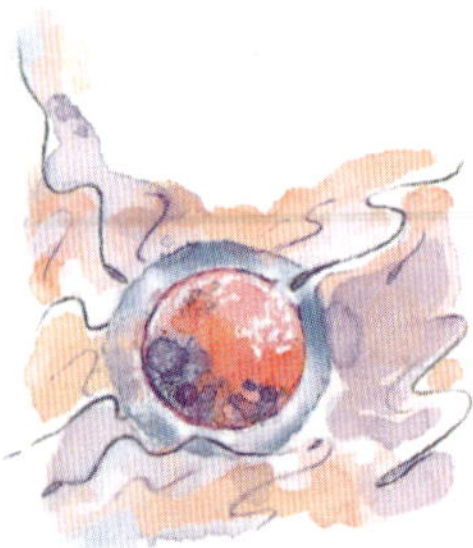

Positieve betekenis

Als een vrouw een baby wil, kan een droom over een bevalling aangeven dat die wens in vervulling zal gaan. Veel vrouwen hebben zulke dromen vlak voordat ze ontdekken zwanger te zijn.

Negatieve implicaties

Als een vrouw geen kind wil, kan zo'n droom angst voor zwangerschap, bevalling of ouderschap uitdrukken.

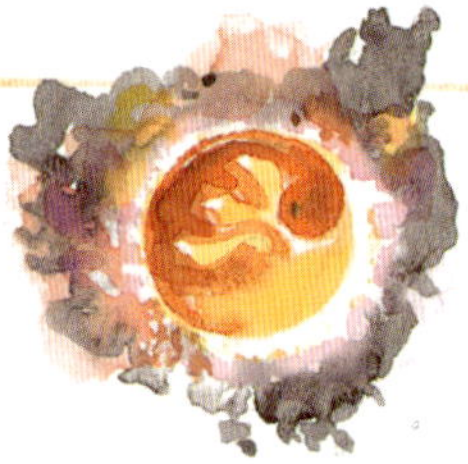

Emoties

Voor mannen en vrouwen kunnen dromen over zwangerschap duiden op de behoefte aan een verzorgende rol.

Meervoudige zwangerschap

Dromen over meerdere baby's kunnen wijzen op verdeelde trouw: u moet uw prioriteiten zorgvuldig afwegen en probeer niet iedereen tegelijk tevreden te stellen.

Pijnlijke zwangerschap

Een pijnlijke of moeilijke zwangerschap heeft vaak te maken met de eisen van iemand die op u steunt. Misschien moet u overwegen deze last te verlichten.

Zwangere vriendin

Als u droomt dat een vriendin zwanger is, wenst u haar een lang en gezond leven toe. Ook duidt deze droom erop dat uw relatie met haar zeer hecht is.

DOOP

De doop is bovenal het symbool voor wedergeboorte, vernieuwing en wederopstanding. Dromen over de doop duiden meestal op het einde van een stadium in het emotionele of fysieke leven en het begin van een nieuwe fase.

POSITIEVE BETEKENIS
Een droom over de doop kan suggereren dat u aan een nieuw project begint. U kunt ook met iets bezig zijn wat succesvol gaat worden.

NEGATIEVE IMPLICATIES
Onvoorziene omstandigheden in de toekomst kunnen voor teleurstelling zorgen, maar u zult snel de draad weer op kunnen pakken.

EMOTIES
Een droom over doop kan betekenen dat u sterker en assertiever wilt worden.

LEVEND BEGRAVEN

Dromen dat u levend begraven wordt, kan angstaanjagend zijn, maar meestal drukken deze dromen verborgen gevoelens uit, die niet per se zorgwekkend hoeven zijn.

POSITIEVE BETEKENIS
Dromen dat u levend begraven bent, kan betekenen dat u iets hebt kunnen afsluiten: u hebt het laten rusten.

NEGATIEVE IMPLICATIES
Zulke dromen werden traditioneel gezien als een slecht voorteken dat moeilijke tijden voorspelde.

EMOTIES
Deze droom gaat over de angst opgesloten te worden: misschien hebt u het gevoel vast te zitten in een bepaalde situatie.

BEGRAFENIS

Dromen over begrafenissen kunnen schokkend zijn, maar zijn het bekijken waard. De dromer moet nadenken over zijn betrokkenheid bij de gebeurtenissen in de droom en zijn gevoelens voor de overledene.

POSITIEVE BETEKENIS
Dromen over het bijwonen van een begrafenis kunnen vreemd genoeg een voorbode zijn van toekomstige feesten. Een droom over uw eigen begrafenis kan het einde van een bepaalde zorg weerspiegelen.

NEGATIEVE IMPLICATIES
Als u ruzie hebt gehad met de overledene, kan de droom wijzen op de woede die u nog steeds voelt.

EMOTIES
Als u verdrietig was in de droom, moet u nadenken over uw gevoelens voor de overledene en misschien moet u ook uw gedrag ten opzichte van die persoon herzien.

SKELET

De symboliek van een skelet of schedel in dromen is meestal veel minder eng dan u zou verwachten. De droom kan betekenen dat u zoekt naar de kern van een ingewikkelde kwestie.

POSITIEVE BETEKENIS
Dromen over een skelet, bijvoorbeeld in een museum, kunnen de komst van nieuwe vrienden of collega's voorspellen.

NEGATIEVE IMPLICATIES
Een skelet kan wijzen op zorgen over problemen thuis.

EMOTIES
Dromen over skeletten weerspiegelen de angst dat een verborgen geheim over u bekend wordt.

Positieve betekenis

Dromen dat u iets of iemand vermoordt, kan wijzen op een positieve verandering: het oude loopt af en iets nieuws begint. Sommige analytici zien moorden in een droom als een voorbode van zakelijk succes.

Negatieve implicaties

Sommige dromen over moord waarschuwen voor intens emotionele stress. Het gewelddadige karakter van uw droom kan diepe woede in uw dagelijks leven weerspiegelen.

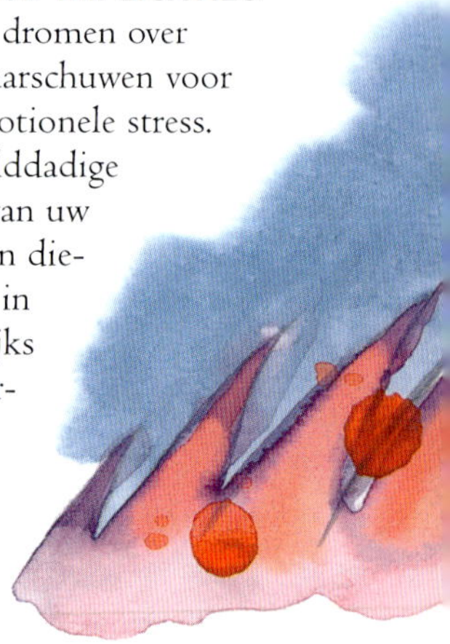

MOORD

Moorddromen bezorgen de dromer meestal hevige en soms angstaanjagende gedachten. Veel droomverklaarders stellen dat deze dromen afgunst, woede of afkeer voor een individu, groep of instelling weerspiegelen. Moorddromen geven soms ook uitdrukking aan het verlangen van de dromer om een instinct, verlangen of een andere eigenschap uit de weg te gaan.

Droomanalitici zijn het er in het algemeen over eens dat de onderdrukte kant van het onbewuste, dat in dromen boven komt drijven, in het bewuste leven moet worden geïntegreerd. Moorddromen kunnen erop duiden dat intense gevoelens van de dromer geïntegreerd moeten worden.

Executie

Dromen over executies hebben een dramatische oorsprong. Ze kunnen het gevoel weerspiegelen dat er bijna geen tijd meer is en dat er moet worden gehandeld voor het te laat is.

Massamoord

Als u van een massamoord droomt, bedenk dan of u boos bent op uzelf of over onrechtvaardige toestanden. Voel hoe hevig de woede is en bekijk hoe u die in uw dagelijks leven kunt temperen.

Vergiftiging

Als u in een droom vergiftigd wordt, kan het gaan om uw kwetsbaarheid. U bent misschien bang dat iemand u iets kwalijk neemt en u wil bedriegen of belagen.

EMOTIES

Heeft iemand u verbitterd, afgunstig of boos gemaakt? Probeer verbanden met recente voorvallen te zoeken. Probeer elk conflict op diplomatieke wijze op te lossen voordat u 'in de aanval gaat'.

Was u moordenaar of het slachtoffer? Elke rol heeft implicaties voor emoties in verband met macht en kwetsbaarheid. Moorddromen kunnen ook het einde van negatief gedrag of negatieve gedachten en gevoelens uitdrukken.

Een moord plannen

Een moord plannen in een droom kan betekenen dat u iets of iemand in het dagelijks leven slecht verdraagt. Als u iemand per ongeluk vermoordt, kan dat betekenen dat u zich onnodig zorgen maakt over sociale of professionele kwesties.

Moord met een speer

Als de moord in de droom wordt gepleegd met een speer of een dergelijk ouderwets wapen, kan dat gevaar voorspellen. Zo'n droom kan ook duiden op ontevredenheid over een aspect van uw leven.

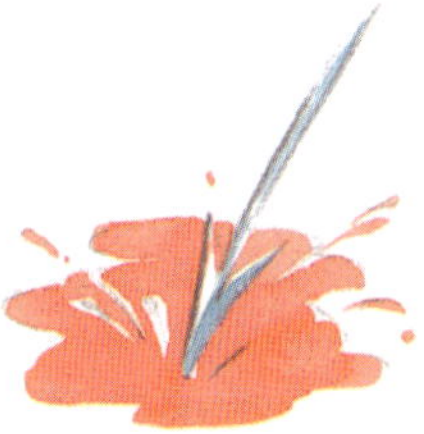

Moord op een familielid

Dromen over de moord op een familielid kunnen te maken hebben met opoffering. Zo'n droom kan betekenen dat u iets op moet offeren om een doel in uw dagelijks bestaan te bereiken.

Dromen in het ZWART

In veel culturen is zwart het symbool van verdriet en rouw. Net als blauw wordt zwart vaak geassocieerd met een donkere stemming en kan het depressieve gevoelens weerspiegelen. Sommige droomanalytici zien zwart echter als de kleur van hoop en dromen met zwart als een mogelijk zeer positieve boodschap. Zwart kan ook worden gezien als vertegenwoordiging van een onbelichte of inactieve kant van de dromer. Zo kan een droom met veel zwart erop duiden dat de dromer veel mogelijkheden onbenut laat. De volgende droomsymbolen in verband met leven en dood komen veel voor in combinatie met zwart en kunnen als volgt worden geïnterpreteerd:

Begrafenis
Zwart in verband met een begrafenis kan toekomstige moeilijkheden voorspellen. Probeer te bedenken of de droom ook vertelde wat voor problemen het zijn.

Doodskist
Een lege, zwarte doodskist kan duiden op een vriendschap die eindigt, maar niet door een sterfgeval. Misschien baart het u zorgen dat een vriendschap dreigt te verwateren als u er niet beiden moeite voor doet.

Ekster
Een ekster in een situatie van levensbelang duidt meestal op problemen met een relatie of project als u op dezelfde, tot nu toe ineffectieve, manier blijft doorgaan.

Lijkwade/-kleed
Een zwarte lijkwade kan warmte en comfort of een terugkeer naar minder gecompliceerde tijden weerspiegelen.

Andere droomsymbolen die vaak worden geassocieerd met de kleur zwart:

Bramen
Bramen kunnen duiden op een tegenslag terwijl u een bepaald doel probeert te bereiken.

Merel
Een vliegende merel kan erop wijzen dat u in de toekomst grote praktische of morele moed zult moeten tonen.

Schoolbord
Dromen van een schoolbord en krijt kan betekenen dat u zich zorgen maakt over de zekerheid van uw financiële regelingen.

Kuil/kelder
Een donkere kuil of kelder kan duiden op de werking van uw onbewuste.

Dier
Een zwart dier in uw droom kan onderdrukte emoties of onvervulde ambities symboliseren.

Nacht
Een heel donkere nacht kan erop wijzen dat u het gevoel hebt dat uw leven geen duidelijke richting heeft.

Ketting
Een zwarte ketting dragen bij een feestelijke gelegenheid kan een positief voorteken op romantisch gebied zijn.

Schapen
Dromen over zwarte schapen worden traditioneel geassocieerd met verleiding, afgunst of hebzucht.

Natuurkrachten

De levendigste en meest dramatische dromen draaien om de oerkrachten in de natuur. Droomanalytici denken traditioneel dat zulke dromen de ware emoties van de dromer weerspiegelen. Het turbulente karakter van veel natuurkrachten kan ook staan voor ingewikkelde situaties die de dromer in het dagelijks leven meemaakt.

aardbeving

Dromen over aardbevingen duiden er vaak op dat de dromer zijn wereld verwarrend vindt. De droom kan angsten weerspiegelen met betrekking tot instabiliteit of zorgen over eventuele bedreiging van een belangrijke stabiele factor in het leven.

Positieve betekenis

Dromen over aardschokken kunnen veranderingen voorspellen, die zeer positieve gevolgen kunnen hebben als u vastberaden handelt.

Negatieve implicaties

Als er dierbaren in de droom over de aardbeving voorkomen, kan het zijn dat ze een crisis doormaken en uw hulp nodig hebben.

Emoties

Probeer u te herinneren hoe u zich voelde toen u na de droom met de aardbeving wakker werd. Als u bang was, kan de droom te maken hebben met een aanhoudende zorg in uw dagelijks leven.

Schuddend huis

Als u uw eigen huis zag schudden, kan de droom aangeven dat u bang bent voor instabiliteit op praktisch of relationeel gebied.

Een aardbeving horen

Als u de aardbeving zowel hoorde als zag, kan het volgens sommige analytici zijn dat iemand u wil bedriegen.

Instortende gebouwen

Als u bedolven wordt onder een gebouw kan het zijn dat u gebukt gaat onder uw verantwoordelijkheden.

vulkaan

Het onstuimige, vurige en onvoorspelbare karakter van een vulkaan wordt meestal geassocieerd met een uitbarsting van onderdrukte emoties van de dromer. Zo'n droom kan aangeven dat lang onderdrukte gevoelens bekeken moeten worden.

Positieve betekenis

Dromen over vulkanen kunnen staan voor een grote verschuiving in uw innerlijke wereld. Misschien beseft u dat u moet veranderen om verder te komen op uw levensweg.

Negatieve implicaties

Een inactieve vulkaan kan waarschuwen voor onbetrouwbaarheid van nieuwe projecten en u erop wijzen eerst alle mogelijkheden te overwegen.

Emoties

Denk aan de kracht van de uitbarsting in uw droom. Wat was de reactie van u en anderen daarop?

Uitbarstende vulkaan

Een hevige uitbarsting kan duiden op een mogelijk schadelijke situatie waar u zich niet bewust van bent of die u negeert.

Rokende vulkaan

Een rokende vulkaan wordt beschouwd als symbool voor passie. Waren het grote rookpluimen of alleen maar sliertjes rook?

Voor de uitbarsting

Een vulkaan die op het punt staat uit te barsten, staat voor angst voor een gezaghebbend persoon die u ervan kan weerhouden uw doel te bereiken.

Positieve betekenis

Een beheerst vuur, veilig in de haard van uw huis, kan een tevreden gevoel over uw privéleven weerspiegelen. Als het vuur niet vonkt, kan dat duiden op lichamelijke en geestelijk gezondheid.

Negatieve implicaties

In oosterse culturen vormt het verbranden van doden een symbolische reiniging. Als er in uw droom iets verbrand wordt, kan dat dus op een element uit uw dagelijks leven aanduiden dat gereinigd moet worden. Is er iets –of iemand– waarvan –of van wie– u bevrijd wilt worden? Moet u misschien een hindernis nemen op het werk?

VUUR

Dromen over vuur hebben vaak te maken met vernietiging en reiniging. De hevigheid en de hitte van het vuur kunnen het emotionele welzijn van de dromer weerspiegelen. De manier waarop het vuur behandeld wordt, is cruciaal voor de interpretatie van de droom. Een ongecontroleerd vuur kan staan voor onverwerkte woede of een vurig karakter. Als het vuur wordt gedoofd, kan dat wijzen op onderdrukking van fysieke of emotionele energie. De houding van de dromer ten opzichte van het vuur is ook belangrijk. Vlammen die dichtbij zijn, duiden op contact met intense emoties. Een rol bij het blussen van het vuur kan suggereren dat de dromer deze hevige gevoelens aan het verwerken is; als

Brandend huis

Een droom over een brandend huis zegt waarschijnlijk iets over uzelf. De droom vertelt misschien dat u emotioneel of lichamelijk gereinigd moet worden. Kon u voorkomen dat het vuur zich verspreidde of ging het hele perceel in vlammen op?

Brandende oogst

Dromen over het verbranden van de oogst werden traditioneel geïnterpreteerd als een voorteken van hongersnood of overlijden. In moderne –en vooral stedelijke– context kunnen ze duiden op magere tijden in de toekomst.

Vuur stoken

Als u vuur stookt –alleen of met iemand anders– kan dat romantiek voorspellen. Herkende u degene die u hielp of was het een onbekende? Toen het vuur brandde, bleef het toen branden zoals u het wilde?

Emoties

Vuur kan voor licht, spiritualiteit of innerlijke kracht staan, afhankelijk van de context van de droom. Wat vond u van het vuur in uw droom? Vreesde u voor uw leven of voelde u zich misschien geïnspireerd door de vlammen? Een vuur in uw droom kan ook passie en libido vertegenwoordigen. Kan het vuur in de droom te maken hebben met iemand in uw dagelijks leven?

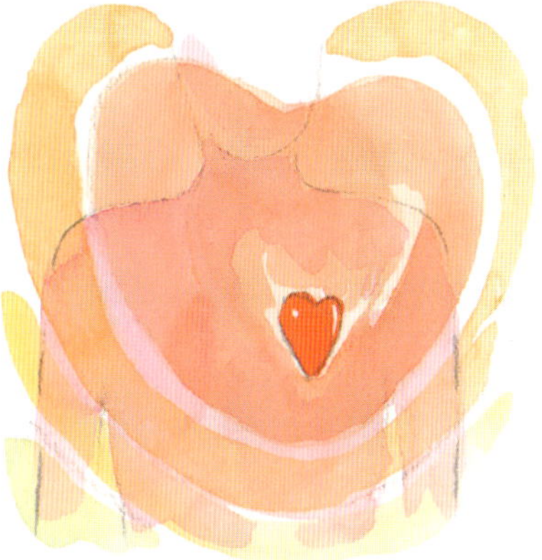

het vuur van een afstand werd bekeken, kunnen de gevoelens nog weggestopt zitten. Essentieel zijn ook de aanwezigen: hielpen familieleden, vrienden of collega's bij het blussen?

Brandweerauto

Een brandweerauto in uw droom kan u ervoor waarschuwen dat uw eigendom of een dierbare beschermd moet worden. Als er brandweerlieden verschijnen, kan dat duiden op een verlangen naar avontuur en spanning. Of het kan betekenen dat u beschermd wilt worden tegen iets zorgelijks in uw leven.

Het vuur doven

Als u het vuur in uw droom snel kunt doven, kan dat betekenen dat u uw tegenstanders bij huidige uitdagingen aankunt. Bedenk u hoe u het vuur doofde. Gebruikte u gereedschap? Hoe hoog was het vuur voordat u het kon doven?

Brandstichting

Een droom waarin u brand stichtte, kan wijzen op onderdrukte woede in uw leven. Wat stak u in brand en waar kan dat object voor staan? Was u alleen of waren er anderen bij? Hoe stak u het vuur aan? Werd u betrapt?

Negatieve implicaties

Als u in uw droom wordt overspoeld door golven, bent u misschien bang voor onderdrukte emoties en wilt u niet dat die bovenkomen. Als u verdrinkt in een golf kan het zijn dat u zich verstikt of onderdrukt voelt door uw moeder of een moederfiguur in uw leven.

Emoties

Een oceaan in uw droom kan staan voor uw emotionele leven. Omdat water wordt geassocieerd met het leven in de baarmoeder, kan een droom waarin u rustig in warm water drijft een geborgenheidsdroom zijn, die u in contact brengt met uw leven voor de geboorte.

Positieve betekenis

Een kalme oceaan in uw droom kan zorgeloze tijden voorspellen. Het kan ook gaan om positieve relaties met mensen, vooral vrouwen. Zwom u in de oceaan of genoot u vanaf de kust van de stilte?

Oceaan

De oceaan wordt vaak gezien als symbool van het onbewuste. Daarom hangt de analyse van een droom over een oceaan sterk af van de aard van het water. Sommigen beschouwen de oceaan als symbool voor het moederlijke: de eigen moeder of Moeder Natuur. De oceaan kan ook staan voor eigenschappen die traditioneel als vrouwelijk worden beschouwd, zoals intuïtie. In de mythologie duidt de oceaan op kracht en macht; de kracht van de golven vertegenwoordigt het menselijke zwoegen op aarde. Ook bestaat er een mythologische traditie waarin de oceaan 'die ene geest' of een hogere macht vormgeeft.

Reis over de oceaan

Een reis over de oceaan kan een gelukkige ontsnapping uit een bepaalde situatie in uw leven weerspiegelen. Het schip waarmee u reist kan staan voor uw privé-leven – zoek naar aanwijzingen, zoals de naam of kleur van de boot.

Meerdere schepen

Als er meerdere schepen waren in uw droom, wat was dan hun onderlinge relatie? Hoe hielden ze stand op het water? Redden ze het zelfstandig of moesten ze samenwerken om boven water te blijven?

Scheepswrak

Als u droomt dat u schipbreuk lijdt, bent u wellicht bang voor een financiële ramp. Hoe ging u met de schipbreuk om? Was u betrokken bij de berging? Zo ja, wat redde u uit het wrak? Als u nauwelijks naar het scheepswrak keek, vraag u dan af of u een probleem in uw leven probeert te ontwijken.

Positieve betekenis

Dromen over ijs buiten de winter werden traditioneel beschouwd als voorbode van een succesvolle oogst. Deze oogst kan ook het rijpen van ideeën vertegenwoordigen, bedenk dus welke 'gewassen' uw aandacht verdienen.

Negatieve implicaties

Een droom over ijs kan u waarschuwen dat het tijd is voor het opstarten van een in de koelkast gezet project. De droom kan een signaal zijn voor een snelle afhandeling.

Emoties

Bittere kou in een droom staat meestal voor een intense emotie. Een koelkast of vriesvak kan bijvoorbeeld weerspiegelen dat u zich op het moment emotioneel verdoofd voelt.

IJS

IJs bestaat uit water. Dromen met water hebben vaak te maken met emotionele aspecten uit het leven van de dromer. De verandering van water in ijs kan staan voor het verharden van een emotie tegenover een goede bekende. Smeltend ijs daarentegen kan wijzen op het ontdooien van een vijandige relatie. Ook kunnen het vrijkomen van creatieviteit en nieuwe mogelijkheden weerspiegeld worden, zodat inspirerende tijden thuis of op het werk in aantocht kunnen zijn.

Zitten of lopen op ijs

Een droom waarin u heerlijk op het ijs zit, kan prettige leefomstandigheden voorspellen. Lopen over ijs kan duiden op mogelijke financiële verliezen als u niet zorgvuldig met uw geld omgaat.

Dik of dun ijs

Let op de dikte van het ijs. Heel dun ijs kan erop duiden dat u enigszins wispelturig bent, een dikkere laag kan betekenen dat u zich zeker voelt, ook ten opzichte van grote uitdagingen in het dagelijks leven.

Schaatsen

Als u alleen aan het schaatsen bent, kan het zijn dat u tevreden bent over een project dat u hebt ondernomen. Samen met iemand anders schaatsen kan bezorgdheid over een persoonlijke relatie weerspiegelen.

ZON

Veel analytici associëren dromen over de zon met waarheid, macht en intellectuele vaardigheden. De hitte van de zon wordt meestal verbonden met de emotionele intensiteit van de gevoelens van de dromer. De zon kan ook voor mannelijke energie staan.

Positieve betekenis
Een droom van een prachtige zonsopkomst aan de horizon kan positief nieuws voorspellen. Een opkomende zon kan ook staan voor de mogelijkheid op rijkdom.

Negatieve implicaties
Een ondergaande zon symboliseert een neerwaartse spiraal in uw leven en voorspelt tegenwerking van plannen of ambities.

Emoties
Een stralende zon kan duiden op innerlijke kracht; een zon achter de wolken kan staan voor persoonlijke zwakte.

Roodgloeiende zon
Een verzengende zon in uw droom kan wijzen op mogelijke hindernissen op uw werk of problemen in de familie.

Stralen in de slaapkamer
Dromen waarin zonnestralen de slaapkamer vullen, worden meestal gezien als voorteken van financiële voorspoed.

Zon op het gezicht
Als de zon op uw gezicht schijnt, kan dat duiden op gevoelens van persoonlijke tevredenheid. Zo'n droom kan ook betekenen dat u het gevoel hebt gerespecteerd te worden.

HEMEL

Mensen hebben de hemel altijd geassocieerd met een ongrijpbare, superieure macht. De hemel in een droom wordt daarom vaak gezien als het toppunt van wat de dromer bewust wil bereiken.

Positieve betekenis
Een heldere hemel kan plezierige tijden zonder hindernissen voorspellen. Ook kan het zijn dat de oplossing voor een huidig probleem kristalhelder zal worden.

Negatieve implicaties
Dromen over een bewolkte hemel kunnen turbulente tijden voorspellen. Daarnaast kunnen ze erop wijzen dat u een zware last draagt.

Emoties
De uitgestrektheid van de hemel in uw droom kan staan voor enorm creatief potentieel. Genoot u van het kijken naar de hemel of frustreerde de onbereikbaarheid u?

Vliegen
Als u door de hemel vloog in uw droom, probeer dan te begrijpen waarom. Probeerde u bijvoorbeeld overzicht te krijgen van een probleem in uw dagelijks leven?

Blauwe hemel
Sommige analytici geloven dat een helblauwe hemel aangeeft dat u een verloren of gestolen voorwerp zult terugvinden. Ook kan het betekenen dat een geplande reis een succes wordt.

Gekleurde hemel
Dit wordt vaak geassocieerd met romantiek in een huidige relatie of u krijgt een waarschuwing voor een onverstandige rendez-vous.

BLIKSEM

De bliksem kan een krachtig signaal zijn en moet voorzichtig geïnterpreteerd worden. Sommige analytici stellen dat dromen over bliksem de ervaringen van de dromer weerspiegelen, anderen denken dat ze het weer voorpellen.

POSITIEVE BETEKENIS
Plotselinge bliksemschichten kunnen een heldere idee of duidelijk inzicht weerspiegelen.

NEGATIEVE IMPLICATIES
Als de bliksem in de droom iets beschadigde, bedenk dan wat het beschadigde voorwerp voor u kan betekenen.

EMOTIES
Dromen over bliksem hebben meestal te maken met macht, inspiratie en kracht. Bedenk hoe lang de bliksem duurde en of u hem angstaanjagend of juist stimulerend vond.

STER

Van dromen over sterren wordt vaak gedacht dat ze staan voor ambitie en prestatie, en eventueel voor de wens nieuwe doelen te bereiken.

POSITIEVE BETEKENIS
Dromen over een heldere hemel met sterren worden meestal gezien als een voorteken van welvaart en een mogelijke reis in de toekomst.

NEGATIEVE IMPLICATIES
Een hemel vol bleke sterren kan moeilijke tijden voorspellen.

EMOTIES
De mate waarin u dicht bij de ster in de droom bent, kan aangeven hoe dichtbij de verwezenlijking van uw ambities is. Zou de ster u de weg kunnen wijzen?

STORM

Dromen over stormen worden vaak gezien als voorteken van moeilijkheden of gevaren in het dagelijkse leven. Sommige analytici benadrukken echter dat stormen ook een rustige periode kunnen voospellen.

POSITIEVE BETEKENIS
Als u kon schuilen voor de storm in uw droom, kan dat een goede oplossing voorspellen van een probleem in uw liefdesleven.

NEGATIEVE IMPLICATIES
Stormen in dromen kunnen direct worden gekoppeld aan zorgen over de hindernissen waarmee u geconfronteerd wordt. Ook kunnen ze lastige uitdagingen voorspellen.

EMOTIES
Een korte storm kan kleine problemen aangeven en een grote storm kan op emotioele problemen met een diepe oorzaak wijzen.

HAGEL

Doordat hagelstenen koud en hard zijn, worden ze vaak geassocieerd met vastberadenheid en doorzettingsvermogen. Een dromer die aan een hagelbui ontsnapt, heeft waarschijnlijk een reeks lastige hindernissen genomen.

POSITIEVE BETEKENIS
Dromen over het einde van een hagelbui kunnen een positieve verandering in uw creatieve leven aankondigen. Zo'n droom kan het begin van een nieuw project of gedurfd initiatief op het werk weerspiegelen.

NEGATIEVE IMPLICATIES
Vastzitten in een hagelstorm kan duiden op afgunst en jaloezie.

EMOTIES
Bedenk hoe u met de hagel omging in uw droom. Genoot u van de ijssteentjes op uw gezicht? Dat zou erop kunnen duiden dat u van uitdagingen houdt.

RIVIER

Sommigen zien rivieren in dromen als symbool voor de levensloop. Ze kunnen duiden op het verstrijken van de tijd of ze symboliseren de reis van de wieg tot aan het graf. Een rivier kan ook staan voor een stroom emoties en creatieve of seksuele energie.

POSITIEVE BETEKENIS

Als u in uw droom een rivier overvaart, kan uw leven een andere wending krijgen. Dit kan positief uitpakken als u mee wilt gaan in nieuwe ontwikkelingen in uw dagelijks leven.

NEGATIEVE IMPLICATIES

Als u in uw droom in een rivier valt, kunnen er problemen thuis op komst zijn. Springt u erin, dan kan overhaast handelen bij een dringend probeem onverstandig zijn.

EMOTIES

Probeer te bedenken hoe u zich voelde over de rivier. Werd u er bang of juist kalm van?

Kijken naar de rivier
Keek u passief naar de rivier vanaf de oever? Dat kan betekenen dat u in contact moet komen met uw emoties.

Kalm oppervlak
'Stille wateren hebben diepe gronden' wordt niet voor niets gezegd. Een kalm wateroppervlak kan problemen onder in een rivier verhelen.

Langs de rivier lopen
Dromen over het lopen langs een rivier kan duiden op tevredenheid over de vooruitgang van uw carrière.

DONDER

In de Oudheid werd de donder geassocieerd met de stemmen van de goden, die de dromer met hun macht en wijsheid leidden. Tegenwoordig wordt de donder beschouwd als de weerspiegeling van een afgesloten periode in het leven van de dromer. De donder kan ook losgelaten woede symboliseren.

POSITIEVE BETEKENIS

Als u het vlakbij hoort donderen, kan dat duiden op een succesvolle handel, een goede oogst of een gelukkig huwelijk.

NEGATIEVE IMPLICATIES

Een donderslag zonder dat het onweert, kan erop wijzen dat u iets in uw leven moet veranderen of oplossingen moet zoeken op plekken waar u nog niet hebt gezocht.

EMOTIES

Harde donder voorspelt dat een probleem waar u bang voor was snel opgelost zal worden. Donder in de verte kan echter duiden op problemen die blijven 'rommelen'.

Donder boven uw huis
Het horen van de donder vlak boven uw huis kan betekenen dat u bang bent geld te verliezen of dat uw bezittingen schade oplopen.

Donder veraf
Als u het in uw droom in de verte hoort donderen, kan dat goed nieuws van een verre vriend of een ver familielid voorspellen.

Stille donder
Een stille donder kan betekenen dat bepaalde vrienden niet zijn wie ze lijken te zijn en misschien hebben ze met een bepaalde opzet met u aangepapt.

maan

De maan beïnvloedt eb en vloed, regen en menstruatie – en zelfs geboorte. Volgens de traditie van de aboriginals helpt de maan vrouwen bij het zwanger worden. Bij de interpretatie van dromen staat de maan dan ook voor vruchtbaarheid, groei en bezieling.

Positieve betekenis

Een heldere maan in uw droom kan spannende ontwikkelingen op persoonlijk of zakelijk gebied voorspellen.

Negatieve implicaties

Dromen over een maansverduistering worden vaak gezien als een slecht voorteken.

Emoties

Vloog u in een raket naar de maan? Dat kan de wens om te reizen of om uw horizon te verbreden weerspiegelen.

Vallende maan

Dromen waarin de maan uit de hemel valt, weerspiegelen de gezondheid of veiligheid van een vriend of familielid.

Maanlicht in uw slaapkamer

Als de maan in uw droom op uw bed schijnt, kan dat wijzen op vergeving van u of bestemd voor u. Als het raam van de slaapkamer openstaat, zal de vergeving snel verleend worden.

Heldere maan

Dromen over een heldere maan worden vaak gezien als teken dat de dromer zich gekoesterd voelt door zijn partner. Zo'n droom kan ook een meevaller voorspellen.

planeten

Dromen over planeten worden vaak gezien als teken dat de dromer wil ontsnappen uit een huidige situatie. Bij de interpretatie van de droom moet worden bekeken hoe moeilijk of gemakkelijk de reis was.

Positieve betekenis

Dromen over planeten kunnen suggereren dat er spoedig iets belangrijks zal veranderen in uw leven, bijvoorbeeld op het werk of in uw vrienden- en familiekring.

Negatieve implicaties

Dromen over andere planeten kunnen een sluimerend ontevreden gevoel over uw dagelijks bestaan weerspiegelen.

Emoties

De enorme afstand tussen de aarde en andere planeten kan erop duiden dat u behoefte hebt aan radicale veranderingen of actie in uw dagelijks leven.

Mars

Mars is genoemd naar de Romeinse god van de oorlog. Dromen over deze planeet worden dan ook vaak geassocieerd met moed, macht en het bereiken van doelen.

Mercury

In de Romeinse mythologie was Mercurius de boodschapper van de goden. Een droom met deze planeet kan dan ook beschouwd worden als een rechtstreekse boodschap van uw innerlijke ik.

Venus

Venus is genoemd naar de Romeinse godin van de liefde; dromen over deze planeet weerspiegelen seksuele verlangens.

Dromen in het BLAUW

De kleur blauw wordt beschouwd als weerspiegeling van de kracht van het bewustzijn en komt in een droom vooral voor in de vorm van een blauwe lucht. Traditioneel wordt blauw gekoppeld aan helderheid, spiritualiteit en oneindigheid. Sommige analytici geloven dat dromen in het blauw duiden op tederheid of geduld. Verschillende tinten blauw kunnen staan voor de emotionele toestand van de dromer: helderblauw kan op geluk wijzen, dreigend indigo op een neerwaartse emotionele cyclus. De volgende natuurkrachten komen veel voor in verband met blauw:

Water
Blauw water wijst vaak op het emotionele leven van de dromer. Helderblauw water kan erop duiden dat u aandacht aan emoties moet schenken.

Hagel
Blauwe hagel in een droom heeft, net als regen, meestal een emotionele betekenis. Bedenk hoe lang de hagelbui duurde. Als u vastzat in een hagelbui, was u dan bang of werd u juist gestimuleerd?

Lucht
Vlagen blauwe lucht kunnen betekenen dat u verlangt naar vrijheid in uw emotionele of professionele leven.

Rook
Als er blauwe rook voorkwam in de droom, belette hij u het zicht of kringelde hij omhoog naar een opwindende bestemming?

Andere droomsymbolen die vaak voorkomen in verband met de kleur blauw:

Edelsteen
Een blauwe edelsteen duidt op verlossing van een huidig probleem.

Kleding
Blauwe kleren kunnen een symbool van mannelijkheid of uw mannelijke eigenschappen zijn.

Vogel
Een blauwe vogel kan duiden op geluk, hoop en bevrijding.

Gekooide vogel
Een gekooide blauwe vogel symboliseert gebrek aan onafhankelijkheid en verlangen naar emotionele vrijheid.

Kunstwerk
Blauwe schilderijen of tekeningen kunnen een algemeen beeld geven van uw huidige levensomstandigheden.

Foto
Een blauwachtige foto suggereert dat in uw dagelijks leven iets aan het oog wordt onttrokken.

Hart
Een blauw hart kan te maken hebben met onenigheid tussen u en een dierbare.

Vaas
Een blauwe vaas kan betekenen dat u zich emotioneel geremd voelt.

PLANTEN EN NATUURLIJKE OMGEVING

Dromen met planten of een natuurlijke omgeving betreffen vaak de levensloop van de dromer. Een gezonde groei van bomen en planten kan gekoppeld worden aan de ontwikkeling van de dromer, terwijl het vergaan van planten zorgen over kracht of spiritualiteit kan uitdrukken.

Positieve betekenis

Dromen met alledaagse bloemen kunnen te maken hebben met een veilig gevoel over uw carrière of privé-leven. Een massa bloemen kan onverwachte financiële voorspoed voorspellen.

Negatieve implicaties

Als de bloemen in een krans waren verwerkt, wordt dat vaak gezien als weerspiegeling van een schuldig of vijandig gevoel. Als u de krans kreeg, evalueerde u misschien uw relatie met iemand met wie u onlangs onenigheid hebt gehad.

Emoties

Het sturen van bloemen wordt wel gekoppeld aan tevredenheid met uzelf of behoefte aan erkenning. Als u de bloemen kreeg, hoe werden ze dan bezorgd? Als u de bloemen stuurde, voor wie waren ze dan en wat voelt u voor die persoon?

BLOEMEN

De vaak plezierige associatie met bloemen komt terug in dromen. Veel dromers vertellen dat dromen met bloemen hun een kalm of gerustgesteld gevoel geven. Hoewel bloemen meestal als positief symbool worden gezien, moet bij de analyse van deze dromen wel worden bekeken wat voor bloemen het waren. Stonden de bloemen in bloei of waren ze aan het verwelken of misschien zelfs al dood? De dromer moet ook bedenken of hij met plezier naar de bloemen keek of dat hij er juist verdrietig van werd. Bloemen worden ook geassocieerd met geven en liefde. Het is dus belangrijk naar de gever en de ontvanger van de bloemen in uw droom te kijken. Was het gebaar romantisch bedoeld of als vergeving of verzoening?

Wilde bloemen

Wilde bloemen worden soms geassocieerd met moed en avontuur; in een droom kunnen ze een spannend initiatief voorspellen. Wilde bloemen kunnen ook een onbedorven natuur en een ontspannen benadering van het leven symboliseren, in tegenstelling tot het ontwerp van een formele tuin.

Bloemen verzorgen

Als u bloemen in uw droom verzorgde, moet u wellicht wat harder aan uw huidige relaties werken. Gaf u ze te veel water, dan kan dat betekenen dat u hard moet werken om uw relaties uit het slop te halen.

Rozen, boterbloemen en orchideeën

Bepaalde bloemen hebben een traditionele connotatie: de roos wordt geassocieerd met liefde en moed, de boterbloem met jeugd en de orchidee met lichamelijke schoonheid en financiële welvaart.

Bomen

Bomen worden meestal gekoppeld aan het diepe onderbewustzijn van de dromer. De wortels van de boom, verborgen in de aarde, staan voor dat wat onder iemands zichtbare oppervlak ligt. De wortels symboliseren een verbinding tussen de dromer en diens verleden en suggereren misschien dat hij weer in contact moet komen met elementen uit dat verleden.

Positieve betekenis

Een gezonde boom in een droom weerspiegelt vaak de mogelijkheid doelen te bereiken. Een vruchtdragende boom kan een 'goede oogst' symboliseren op financieel of persoonlijk gebied.

Negatieve implicaties

Een rottende of dode boom in een droom wordt beschouwd als een symbool van ongenoegen of angst. Een boom met verrot fruit kan duiden op zorgen over de toekomst.

Emoties

Bomen in dromen kunnen uw perceptie van de voortgang van uw persoonlijke groei symboliseren. Was het een trotse, hoge boom of was hij uit balans?

Een boom omhakken

Een droom waarin u een boom omhakt, duidt op herinneringen of angsten met betrekking tot verlies. Het kan gaan om iemand uit uw leven of iets wat u ooit erg dierbaar was.

Klimmen

In een boom klimmen kan wijzen op de wens gerespecteerd te worden. Als een menigte toekeek, zoekt u misschien erkenning.

Een boom planten

Dromen over het planten van bomen kunnen betekenen dat, hoe onaantrekkelijk een voorstel op dit moment ook lijkt, het mettertijd zijn vruchten kan afwerpen.

Gras

Dromen over gras kan belangrijk zijn voor de afloop van toekomstige projecten. Groen gras —vooral vlak bij bloemperken— duidt op succesvolle ontspannings- of werkactiviteiten. Verdord of dood gras kan staan voor teleurstelling of suggereren dat bepaalde projecten veel moeilijker te verwezenlijken zijn dan u eerst dacht.

Positieve betekenis

Een droom over een goed onderhouden gazon weerspiegelt een efficiënt opgezet zakelijk project. Als de randen heel netjes bijgehouden waren, wilt u misschien nog wat puntjes op de i zetten.

Negatieve implicaties

Woekerend gras in uw droom kan duiden op stress in uw dagelijks leven. Misschien moet u uw activiteiten 'snoeien' en zich meer ontspannen.

Emoties

Groeide het gras in een veld of was het een klein stukje? Was het groen of bruinig?

Gras eten

Als u het gras opat in uw droom, kan dat duiden op sensueel genot. Smaakte het lekker of had het een bittere nasmaak?

Gras planten

Gras planten in een droom wordt meestal geassocieerd met het verlangen naar zekerheid voor u en uw familie. Het kan ook zijn dat uw leven verrijkt zal worden, maar pas op de lange termijn.

Hooien

Gras verzamelen als hooivoorraad kan betekenen dat u zo snel mogelijk moet handelen op een bepaald gebied omdat 'je moet hooien als de zon schijnt'.

Bladeren

Bij de interpretatie van dromen kunnen gezonde, groene bladeren groei en vitaliteit symboliseren. Rottende of verdorde bladeren kunnen gebrek aan energie weerspiegelen of het mogelijke einde van een activiteit of project.

Positieve betekenis
Bladeren aan de stam van een fruitboom kunnen financiële voorspoed of verstandige omgang met geld symboliseren.

Negatieve implicaties
Ronddwarrelende bladeren in de wind kunnen duiden op een ruzie tussen uw familieleden op dit moment of in de nabije toekomst.

Emoties
De houding van de bladeren ten opzichte van de stam kan weergeven hoe beheerst u zich voelt in het leven. Bladeren die vlak bij de boom groeien kunnen persoonlijke tevredenheid weerspiegelen.

Takken

Takken worden traditioneel geïnterpreteerd als een teken van geluk, groei en nieuw leven. Een groeiende tak kan een geschenk van Moeder Aarde zijn en geluk in de toekomst voorspellen.

Positieve betekenis
Takken die zwaaien in de wind zijn de voorbode van nieuwe activiteiten of projecten. Ook kunnen ze voospellen dat uw leven binnenkort een interessante wending neemt.

Negatieve implicaties
Gebroken takken kunnen duiden op zorgen over een persoonlijke of zakelijke kwestie.

Emoties
In verband met de connotatie 'stamboom' kunnen takken in dromen familierelaties symboliseren. Groeiden de takken harmonieus of belemmerden ze elkaar het groeien?

Heuvel/ berg

Als een heuvel of berg beklommen werd, kan het gemak of de moeite waarmee de dromer dat deed, gekoppeld worden aan de manier waarop hij zijn voortgang door het leven ziet.

Positieve betekenis
Als u droomt dat u op een heuvel of berg staat, is dat een teken van trots en eer. Een snelle beklimming kan betekenen dat uw persoonlijke vooruitgang gemakkelijk verloopt.

Negatieve implicaties
Met moeite een berg of heuvel beklimmen wijst op een voor uw gevoel moeilijk op te lossen probleem.

Emoties
Beklom u de berg of heuvel alleen of hielp iemand u? Het antwoord kan te maken hebben met hoe u zich gesteund voelt in uw dagelijks leven.

Struikgewas

In westerse culturen is het beeld van struikgewas meestal verbonden met de struik die Mozes in de bijbel zag branden. Het kan daarom zijn dat een struik in een droom betekent dat de dromer behoefte heeft aan een leidraad.

Positieve betekenis
Gezond struikgewas in een droom heeft te maken met steun en kan de komst van hulp uit een onverwachte hoek voorspellen.

Negatieve implicaties
Een vrij kale struik waarschuwt tegen louter op geluk afgaan bij het streven naar een doel.

Emoties
Een struik snoeien of knippen in een droom kan een teken zijn dat een geheim onthuld zal worden. Als iemand anders aan het snoeien was, bedenk dan wat u daarvan vond.

Positieve betekenis
Een droom over het oogsten van fruit duidt op persoonlijk geluk of tevredenheid. Rijp fruit wordt ook wel gekoppeld aan de opbouw van rijkdom en plannen voor later financieel comfort. Als u fruit plukte in uw droom kan dat een teken zijn dat u moet beginnen met sparen voor krappere tijden.

Negatieve implicaties
Rottend fruit kan te maken hebben met een hoofdstuk in uw dagelijks leven dat net iets te vroeg afloopt of op een voortijdig afgekapt project. Als het fruit rijp was toen het geplukt werd, maar ging rotten toen het op de grond terechtkwam, bent u misschien bang dat een huidig project niet succesvol zal zijn.

FRUIT

Traditioneel symboliseert fruit groei, de levenscyclus, seksualiteit en vruchtbaarheid. Met name rijp fruit wordt vaak gezien als teken van gezonde groei. Deze groei kan te maken hebben met het leven zelf, met een idee of een onbewuste ontwikkeling van de dromer. De ontwikkeling van zaadje tot rotting kan ook worden gezien als metafoor voor de verschillende fasen in het leven.

De vorm, structuur en geur van bepaalde vruchten –met name vijgen, meloenen en bananen– kunnen de dromer doen denken aan mannelijke of vrouwelijke geslachtsorganen. Fruit dat veel zaden bevat, is een teken van nieuw leven. Fruit in een droom wordt ook wel geassocieerd met

Appel
In westerse culturen wordt de appel traditioneel verbonden aan het verhaal van Adam en Eva en dus met verleiding, zonde en kennis. Voor een dromer die is opgegroeid met deze traditie kan de droom die connotatie hebben. Bedenk hoe u de appel in de droom opmerkte. Wees een listige slang of een andere boodschapper u in die richting of vond u hem zelf?

Perzik
In veel Aziatische culturen is de perzik het symbool van onsterfelijkheid en wordt perzikbloesem gekoppeld aan vrouwelijkheid en vrouwelijke charmes. In het Westen weerspiegelt een perzik verlossing.

Vijg
De vijg wordt in het algemeen gezien als teken van vruchtbaarheid – in verband met de vele zaden. Als u in uw droom vijgen at, probeer dan te bedenken hoeveel u er at. Als u er maar één at, zat u dan vol of wilde u meer?

Emoties

Fruit wordt vaak gezien als teken van groei en ontwikkeling. Daarom kan een droom over fruit de onbewuste ontwikkeling van uw innerlijke ik symboliseren. Moest u zich uitstrekken om het fruit te pakken en ging dat eenvoudig? Zoekt u wellicht naar mogelijkheden voor persoonlijke ontwikkeling?

onsterfelijkheid; het fruit, onderdeel van een hele levenscyclus, vertegenwoordigt dan een oneindige kringloop van leven. Dromen over fruit kunnen ook te maken hebben met gezondheid. Rijp, sappig fruit wijst dan op een goede gezondheid, terwijl verrot of overrijp fruit angst voor ziekte symboliseert.

Fruit eten

Fruit eten in een droom kan een seksuele connotatie hebben. De heerlijke smaken kunnen staan voor sensueel genot en seksuele bevrediging. Veel droomverklaarders koppelen bepaalde vruchten aan delen van het lichaam; meloenen zouden borsten symboliseren, perziken billen en een banaan een penis.

Fruitschaal

Fruit dat op een schaal is gerangschikt, kan materiële welvaart voorspellen, vooral als er veel verschillende soorten fruit zijn. Stond de schaal in de droom buiten uw bereik of kon u gemakkelijk bij de verleidelijke vruchten?

Bijzonder fruit

Dromen over bijzonder fruit kan duiden op het verlangen naar meer 'pit' in uw leven. Misschien wilt u een avontuur of nieuw project beginnen om de eentonigheid van uw werk te doorbreken. Sommige droomverklaarders menen dat dromen over bijzonder fruit ook een comfortabel maar eenvoudig leven weerspiegelen.

Dromen in het GROEN

Door de associatie met de natuur verbinden sommige analytici de kleur groen met gevoelens van rust, hoop, groei en steun. Een droom met groen kan erop duiden dat voor de dromer een vruchtbare periode begint van persoonlijke groei of spirituele ontwikkeling. De kleur groen heeft ook negatieve connotaties, zoals jaloezie, afgunst en verval. Een droom in het groen kan dus worden beschouwd als hint: de dromer moet deze aspecten in zichzelf erkennen en er positief mee omgaan. De volgende voorbeelden van planten en natuurlijke omgevingen komen vaak voor in verband met de kleur groen:

Kas
Een kas kan betekenen dat hard werken zal leiden tot een succesvolle afronding van plannen.

Groenblijvende boom
Kan een lang leven of onsterfelijkheid symboliseren.

Groenten
Groene groenten kunnen wijzen op groei en goede gezondheid, en een voorbode zijn van persoonlijke voeding, in welke vorm dan ook.

Fruit
Groen fruit betekent dat een huidig project nog niet rijp is en beter moet worden gepland.

Veld
Een groen veld kan staan voor veel kalmte en evenwicht in uw dagelijks leven.

Mos
Groen mos kan gevoelens van vrede en veiligheid weerspiegelen.

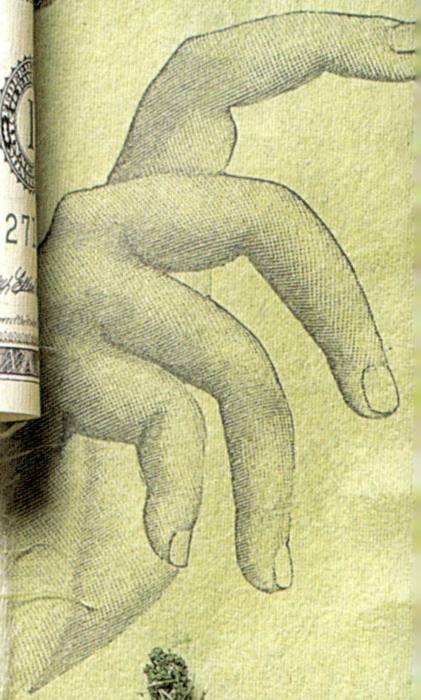

Andere droomsymbolen die vaak voorkomen in verband met de kleur groen:

Brokstukken na een aardschok
Groene brokstukken na een aardschok kunnen wijzen op jaloezie in een intieme relatie.

Vlees
Groen vlees kan een vorm van rotting en corruptie symboliseren.

Groene vingers
Kunnen een periode van persoonlijke groei en creativiteit voorspellen.

Ogen
Groene ogen zijn traditioneel symbool voor jaloezie.

Edelstenen
Groene edelstenen of juwelen kunnen te maken hebben met een veilig en kalm gevoel, maar ook met jaloezie.

Bankbiljetten
Groene bankbiljetten kunnen wijzen op een lopend project waarbij een transactie op afstand betrokken is.

Water
Groen water kan duiden op gevoelens van stagnatie en de behoefte actief te handelen in een of meer aspecten van uw leven.

Pad
Een groen pad kan een reis over een flinke afstand weerspiegelen.

PERSONEN EN LOCATIES

Bekende personen in uw dromen worden vaak geassocieerd met de mensen in uw dagelijks leven; ze kunnen ook staan voor verschillende aspecten van uw karakter. De context van de droom kan ook bekend, maar tegelijk symbolisch zijn. Gebouwen worden bijvoorbeeld gezien als weerspiegeling van ons eigen bestaan.

Emoties
Een droom over een trouwerij kan toewijding aan een bestaande relatie weergeven en de wens dat die standhoudt. Daarnaast kan de droom duiden op de angst u te binden. Bedenk hoe de bruid en bruidegom zich voelden. Zagen ze er stralend en opgewonden uit, of angstig en ongelukkig?

Positieve betekenis
Een droom over een stel dat trouwt kan de vervulling van een wens zijn, vooral als u zelf de bruid of bruidegom was.

Negatieve implicaties
Sommige droomverklaarders stellen dat het zien van een bruid of bruidegom in een droom kan duiden op jaloezie of rivaliteit.

Bruid en bruidegom

Als een bruid en bruidegom samen in een droom verschijnen, wordt dat vaak gezien als symbool van vereniging. Het kan gaan om heersende harmonie of oppositie in verschillende delen van de psyche. Een bruid of bruidegom in een droom kan ook de band van de dromer met een voorwerp of persoon weerspiegelen.

De rol van de dromer op de bruiloft is misschien wel het belangrijkste voor de droominterpretatie: was de dromer de bruid of de bruidegom, of een bezoeker van de bruiloft? Ook de sfeer bij de trouwplechtigheid kan veel zeggen. Heerste er vreugde, of waren de aanwezigen verdrietig of angstig?

Bruid of bruidegom?
Als een vrouw droomt over een bruidegom, moet ze misschien in contact komen met haar mannelijke kant. Droomt een man over een bruid, dan moet hij wellicht meer naar zijn vrouwelijke kant luisteren.

Huwelijksreis
Als de bruid of bruidegom op huwelijksreis ging, zou u binnenkort een leuke gebeurtenis kunnen verwachten.

Uw partner
Als de bruid of bruidegom in de droom uw huidige partner was, wilt u misschien bevestiging van zijn of haar liefde voor u.

Positieve betekenis

Dromen over vaders en moeders wordt traditioneel geïnterpreteerd als teken van ouderliefde. Als u over uw moeder droomt, kan dat volgens sommigen betekenen dat een positieve invloed uw leven zal betreden. Als u over uw vader droomt, kan dat een nieuwe rol voor u voorspellen – misschien als gezagsdrager.

Negatieve implicaties

Dromen over de dood van uw ouders kunnen duiden op vijandige gevoelens die u op dit moment tegen hen koestert. Zulke dromen kunnen suggereren dat huidige of vroegere conflicten niet opgelost zijn of dat er relatieproblemen op komst zijn.

Vader en moeder

Dromen over ouders kunnen eenvoudigweg de gevoelens en herinneringen weerspiegelen die de dromer jegens hen koestert. De betekenis van zo'n droom kan duidelijk worden als we kijken naar de rol die wordt vervuld door een of beide ouders en de manier waarop de dromer met hen omging.

De vader in de droom kan staan voor een groot moreel geweten: in werkelijkheid of subjectief gezien. Jeugdherinneringen aan de vader als betrouwbare gids en rechter kunnen een rol spelen. Een vader kan in een droom ook iemand om plezier mee te hebben vertegenwoordigen. De moeder in de droom kan de gevoelens van de dromer over de sterke band tussen moeder en kind vertegenwoordigen.

Vader of moeder

Een vader in de droom van een vrouw duidt op affectie en een sterke band. Ook kan hij een teken zijn dat de dromer de mannelijke aspecten van haar karakter moet ontwikkelen. Het tegenovergestelde geldt voor een man die over zijn moeder droomt.

Liegen

Als u in uw droom liegt tegen uw ouders staat u misschien op het punt iets te doen, misschien in het geheim. Als uw ouders in uw droom tegen u liegen, voelt u zich op sociaal gebied ergens buitengesloten.

Straf

Dromen dat u straf krijgt van uw ouders duidt op een gevoel van machteloosheid. Bedenk hoe u meer controle over uw leven kunt krijgen zonder al te confronterend te zijn tegenover anderen.

Emoties

Soms kan de aanwezigheid van uw ouders in uw droom een directe weerspiegeling zijn van hoe u hen in uw dagelijks leven ziet. Anderzijds: wat vertellen de gevoelens die u in uw droom voor hen had? Als de vader een beschermende rol had, kan dit bijvoorbeeld een aansporing zijn tot meer zelfstandigheid.

Aisschien geniet de dromer van de warmte en intimiteit van e relatie of symboliseert de moederfiguur de behoefte te ntsnappen aan het gevaar ergens te veel gehecht aan te raken. Bij de droominterpretatie is het gedrag van de ouder en de motionele reactie van de dromer daarop erg belangrijk.

Huilende moeder

Dromen dat uw moeder huilt, kan te maken hebben met uw eigen zorgen over een probleem in uw dagelijks leven. Sommige analytici menen dat een huilende moeder problemen voorspelt.

Liefhebbende vader

Een liefhebbende vader in uw droom kan te maken hebben met interesses of hobby's waaraan u niet zo veel tijd besteedt en waarmee u zich niet serieus bezighoudt. Zo'n droom kan een teken zijn dat u uw horizon moet verbreden en nieuwe projecten moet zoeken.

Verlaten door ouders

Dromen waarin u door een of beide ouders verlaten wordt, hebben meestal te maken met financiële zorgen. Als uw ouders uiteindelijk terugkeren, zijn uw zorgen waarschijnlijk ongegrond. Komen ze niet terug, dan kan dat echter betekenen dat u financiële hindernissen zult moeten nemen in uw dagelijks leven.

KASTEEL

Droomkastelen worden meestal geassocieerd met aanval en verdediging en kunnen hier een metafoor voor zijn op persoonlijk of materieel gebied. Was het kasteel de uitvalsbasis van een aanval of werd het belegerd door vijanden?

POSITIEVE BETEKENIS
Dromen over prachtige kastelen symboliseren het vooruitzicht op een plezierige toekomst en kunnen indrukwekkende daden voorspellen.

NEGATIEVE IMPLICATIES
Een kasteel in verval kan waarschuwen voor financiële problemen.

EMOTIES
Een kasteel kan, net als andere bouwwerken, een symbool zijn van uzelf. Was het een prachtig kasteel of werd er nog gebouwd? Het antwoord kan te maken hebben met uw sterke en zwakke kanten.

Huis uit uw jeugd
Als het kasteel leek op het huis waarin u bent opgegroeid, kan het gaan om hoe u zich als kind voelde in uw ouderlijke woning.

Klein kasteel
Een klein kasteel kan duiden op een gevoel van frustratie en gebrek aan mogelijkheden.

Belegering
Een belegerd kasteel wijst op kwetsbaarheid en de angst aangevallen te worden.

RELIGIEUZE PLAATSEN

Dromen over een religieuze plaats worden vaak gekoppeld aan een veilige plek en spirituele zekerheid. Zo'n droom kan duiden op de behoefte aan hulp van bovenaf in het leven van de dromer.

POSITIEVE BETEKENIS
Dromen dat u deelneemt aan een religieus ritueel kan staan voor geluk en tevredenheid.

NEGATIEVE IMPLICATIES
Als u religieuze gebouwen of diensten schuwt, voelt u zich misschien schuldig over een wandaad waarvan u zich bewust bent.

EMOTIES
Een religieus gebouw in uw droom suggereert dat u erg bezig bent met morele kwesties. Misschien staat u voor een ethisch dilemma en zoekt u hulp.

Eigenwaarde
In de Oudheid hadden dromen over heilige bouwwerken te maken met het gevoel van eigenwaarde van de dromer.

Een religieus gebouw oprichten
Deze handeling vertegenwoordigt het geven van cadeaus aan een dierbare.

Een heilige
Een geestelijke of heilige persoon staat meestal voor iemand die u respecteert. Wat zijn uw gevoelens voor die persoon?

Onbewoond eiland

Een onbewoond eiland staat net als in het dagelijks leven voor ontsnapping en isolatie. Riep het eiland gevoelens van vrijheid op of was u bang alleen achter te blijven?

Positieve betekenis

Dromen over een onbewoond eiland kunnen romantiek voorspellen.

Negatieve implicaties

Op een onbewoond eiland terechtkomen wijst op afwijzing of verlies van eigendunk.

Emoties

Voor sommigen wijst een onbewoond eiland op een wens om aan de massa te ontsnappen; voor anderen kunnen ze wijzen op beëindiging van een eenzame periode.

Strand

Sommigen zien stranden als rustoorden; anderen zien er een lege levenswijze in. De reactie van de dromer op het strand kan weerspiegelen hoe hij denkt over vrije tijd in het dagelijks leven.

Positieve betekenis

Dromen over een strand kan duiden op ontsnapping aan de dagelijkse routine.

Negatieve implicaties

Een droom over een strand kan betekenen dat u iets verbergt voor een dierbare.

Emoties

Bedenk wie er bij u was op het strand en wat u aan het doen was. Wandelde u in opperbeste stemming over het strand of vluchtte u voor gevaarlijke golven?

Bekende plaatsen

Bekende plaatsen komen veel voor in dromen. Als de dromer van thuis droomt als hij op reis is en heimwee heeft, kan dat troostend zijn.

Positieve betekenis

Dromen over een bekende plaats weerspiegelen vaak tevredenheid over het verleden en het heden.

Negatieve implicaties

Soms slaat een droom over een bekende plek op ontevredenheid met een huidige situatie.

Emoties

Uw reactie op de bekende plaats in de droom kan weergeven of u van uw verleden hebt geleerd.

Hek

Dromen met een hek erin hebben paradoxale connotaties: ze kunnen tevredenheid en zekerheid weerspiegelen, maar ook het gevoel gevangen te zitten.

Positieve betekenis

Een hek beklimmen kan duiden op het nemen van een hindernis of het verwezenlijken van een doel.

Negatieve implicaties

Een hoog hek op uw weg kan beperkingen of het onvermogen een moeilijke situatie te doorbreken symboliseren.

Emoties

Een hek kan staan voor het gevoel uitgedaagd of bekritiseerd te worden. Als u zich veilig voelde in de droom, kan het echter betekenen dat u zich zeker voelt in het leven.

WERKPLEK

Een werkplek wordt meestal gekoppeld aan productiviteit en bedrijvigheid. Hij kan echter ook het toneel zijn van vervelende klusjes en intimidatie. De sfeer op de werkplek in een droom kan van belang zijn. Heerste er een gespannen sfeer of een van doelgerichte creativiteit? Zoek naar mogelijke verbanden tussen de werkplek in de droom en die in het dagelijks leven.

POSITIEVE BETEKENIS

Dromen dat u in uw eigen kantoor bent, kan positieve veranderingen in uw liefdesleven voorspellen.

NEGATIEVE IMPLICATIES

Dromen dat u uw kantoor niet in kunt of wordt uitgezet, kan duiden op het verlies van persoonlijke eigendommen.

EMOTIES

Kantoren zijn geladen met veel fysieke en emotionele energie. Voelde u zich tevreden of gestrest in het kantoor? Uw gevoelens kunnen te maken hebben met uw leven thuis en op het werk.

Gesloten kantoor

Een gesloten kantoor kan aangeven dat iets belangrijks ontbreekt in uw leven.

Overvol kantoor

Een overvol kantoor suggereert dat u zich overspoeld voelt door een overvloed aan eisen.

Problemen op kantoor

Dit kan duiden op de angst voor strijd in uw leven.

PARK

Een park kan vele gedaanten aannemen. Het park kan er goed onderhouden en symmetrisch of verwaarloosd en verlaten uitzien. Bij de interpretatie van deze dromen zijn de reden van de dromers aanwezigheid, het weer en de locatie van het park belangrijk.

POSITIEVE BETEKENIS

Dromen over parken symboliseren vaak een gevoel van persoonlijke voldoening en vrijheid.

NEGATIEVE IMPLICATIES

Dromen over een park kan betekenen dat u behoefte hebt aan ruimte voor uzelf. U wilt misschien ontsnappen aan een lastige situatie.

EMOTIES

Uw gevoelens over het park kunnen te maken hebben met hoe u uw leven inricht. Een park dat niet onderhouden wordt, kan bijvoorbeeld duiden op een gevoel van chaos in uw leven.

Wandelen

Met een geliefde wandelen door een park voorspelt goede tijden.

Vrienden

Met vrienden door het park lopen kan verdeelde loyaliteit symboliseren.

Verwaarloosd park

Een slecht onderhouden park kan duiden op een periode van bezinning en mogelijk op eenzaamheid.

KELDER

Zoals kelders en souterrains onder het zichtbare gedeelte van een gebouw liggen, zo vertegenwoordigen dromen over deze lager gelegen niveaus vaak de verborgen gedeelten van de gevoelswereld van de dromer. Beelden van kelders hebben twee kanten: ze kunnen donkere plaatsen aangeven vol onbekende hoekjes of goed verlichte ruimten waarin je je veilig voelt en kunt spelen. Kelders kunnen ook geassocieerd worden met de kindertijd.

POSITIEVE BETEKENIS

Dromen over een kelder of souterrain kan duiden op een reis of op uitbreiding van uw zakelijke activiteiten.

NEGATIEVE IMPLICATIES

Een droom over een kelder of souterrain kan het gevoel uitdrukken vast te zitten.

EMOTIES

Dromen met een kelder of souterrain vertegenwoordigen meestal de diepste niveaus van uw geest. Was de kelder leeg of vol? Als hij vol was, wat werd er dan bewaard?

Kelderbewoners

Spinnen en andere kelderbewoners staan voor de angst om te gaan met onverwerkte emoties.

Brandstof

Een kelder of souterrain vol met kolen of andere brandstof kan betekenen dat u binnenkort goed nieuws krijgt.

Wijn

Dromen over een wijnkelder kan betekenen dat iemand in uw omgeving bedrog in de zin heeft.

TRAP

Sommige droomverklaarders geloven dat dromen over het op- of afgaan van een trap seksueel getint zijn. Anderen beschouwen trappen als een symbool van algemene vooruitgang of ambitie in het leven. In het licht van die laatste opvatting weerspiegelt de positie van de dromer op de trap de richting en de vorderingen van diens vooruitgang.

POSITIEVE BETEKENIS

Trappen worden gezien als weerspiegeling van succes en vooruitgang en kunnen betrekking hebben op zakelijke of persoonlijke ambities.

NEGATIEVE IMPLICATIES

Een eindeloze trap kan duiden op frustratie of wanhoop.

EMOTIES

Dromen waarin de dromer een trap op- of afgaat worden gezien als weerspiegeling van diepgewortelde aspecten van de seksuele identiteit.

Wenteltrap

Deze trap suggereert dat u het gevoel hebt 'in kringetjes rond te draaien'.

Instortende trap

Zorg in bepaalde opzichten voor een stevigere basis.

Brandtrap

Dromen over een brandtrap kan een waarschuwing zijn dat u zich moet terugtrekken uit gevaarlijke situaties.

Positieve betekenis

Dromen over het bouwen van een huis kunnen duiden op gunstige mogelijkheden op uw werk of in uw bedrijf. Over het algemeen kunnen dromen met huizen gevoelens van zekerheid over de toekomst weerspiegelen.

Negatieve implicaties

Dromen dat uw huis instort kan betekenen dat er veranderingen nodig zijn in uw dagelijks leven – veranderingen waardoor u misschien iets wat u hebt opgebouwd weer moet afbreken.

HUIS

Of het 'droomhuis' nu wel of niet bekend is, in beide gevallen kan het de belevingswereld van de dromer symboliseren. Een huis ontdekken kan wijzen op het begin van een zoektocht naar de dromer zelf, waarbij hij gestimuleerd wordt een nieuw aspect van zichzelf te ontwikkelen – vooral als de droom speelde in een bekend huis met onbekende kamers. De ontdekking van een nieuwe kamer in het huis van de dromer kan betekenen dat een nieuw aspect van zijn persoonlijkheid bovenkomt. Het kan ook veranderingen op korte termijn voorspellen. Een droom over het huis waarin de dromer is opgegroeid, kan duiden op een verlangen naar de kindertijd, toen alles minder gecompliceerd was.

Soort huis

Een bungalow kan een waarschuwing zijn dat uw leven zich afspeelt op één niveau, in praktisch of emotioneel opzicht. Een hoge flat kan erop wijzen dat er op dit moment te veel speelt in uw leven en dat u zich beter moet concentreren op minder belangrijke zaken. Dromen over hoge huizen kunnen het gevoel weerspiegelen dat u voor een zware taak staat.

Camper/caravan

Dromen dat u in een camper of caravan woont, kan betekenen dat u op een bepaald gebied in uw leven vooruit moet kijken. Als u dat niet doet, zal emotionele stagnatie het gevolg zijn.

Gesloten deuren/ramen

Deuren of ramen waar u niet doorheen komt, duiden op frustratie en communicatieproblemen. Misschien moet u opkomen voor uzelf of voor iets wat u belangrijk vindt. Dichte ramen kunnen betekenen dat u niet in staat bent iets zelf te zien; misschien moet u eens op onderzoek uit om te vinden wat u zoekt.

Emoties

Dromen over huizen zijn vaak een weerspiegeling van uzelf en uw emotionele en spirituele toestand op dat moment. Veel analytici geloven dat verschillende delen van het huis verschillende stadia in uw leven vertegenwoordigen. De modernste gedeelten staan voor uw huidig dagelijks leven, de oudere symboliseren de dieper gelegen lagen van uw onbewuste. Hoe voelde u zich in het huis: veilig, op uw gemak of bang?

Als er meubels in het huis staan, kunnen die iets zeggen over hoe de dromer met lopende kwesties omgaat. Waren de gordijnen van het huis open of dicht? Dit kan te maken hebben met de dromers bereidheid problemen onder ogen te zien. De reactie van de dromer op eventuele gasten kunnen zijn gevoelens voor deze mensen in het dagelijks leven weerspiegelen.

Locatie van het huis

De locatie van het huis in uw droom wordt vaak direct gekoppeld aan uw huidige geestestoestand. Als het huis in uw droom op een rustige plek buiten de stad staat, kan dat rust en kalmte in uw dagelijks leven weerspiegelen. Een huis in een drukke, lawaaierige straat kan daarentegen een weerspiegeling zijn van hoe u het verloop van uw dagelijks leven ziet.

Nieuw huis

Een nieuw huis wordt vaak gezien als symbool van uw sociale leven. Als het een gemeubileerd huis is, kan er een periode vol sociale verplichtingen aanbreken. Een leeg huis kan betekenen dat u uw vriendenkring wilt uitbreiden of meer sociale contacten zou willen hebben.

Boven, beneden

Het bovenste gedeelte (de zolder) van het huis weerspiegelt het intellect van de dromer en kan duiden op het opstellen of overwegen van complexe of langdurige projecten. Het onderste gedeelte (de kelder) vertegenwoordigt de verborgen hoekjes van de geest, waar angsten en herinneringen schuilen.

POSITIEVE BETEKENIS
Koningen in dromen worden gezien als symbool van eer, vertrouwen en respect, en duiden op een goede reputatie. Koninginnen in dromen weerspiegelen intuïtie en persoonlijke groei.

NEGATIEVE IMPLICATIES
Dromen over een koning of koningin wijzen soms op de noodzaak verantwoordelijkheden waar te maken. Ze wijzen op autoriteit, vermaning en verontschuldiging.

KONINGEN & KONINGINNEN

Koningen en koninginnen in dromen kunnen de ouders van de dromer symboliseren. De afstand tot de koninklijke personen en hun macht kunnen zijn ware gevoelens voor zijn ouders of andere gezagsdragers weerspiegelen. Ook de houding van de dromer ten opzichte van de vorst is belangrijk. Gedroeg de dromer zich eerbiedig of voelde hij een puberale opstandigheid? In beide gevallen kan het gaan om de behoefte aan een helder beeld van relaties met personen die machtig zijn.

Samen heersen
Als een koning en een koningin samen verschijnen, is er harmonie in uw gevoelsleven.

Schaken
Als de koning en koningin in uw droom schaakstukken zijn, bedenk dan welke zetten er werden gemaakt en welke stukken ze bedreigden. Een koning die schaak staat, kan betekenen dat een vrouwelijk figuur in uw leven uw individualiteit bedreigt. Een koningin in het nauw kan waarschuwen voor dominante mannen.

Kroon
Een koninklijke kroon symboliseert een toekomstige beloning die nu nog net buiten uw bereik is. Een droom over het kronen van een koning kan geïnterpreteerd worden als symbool dat zaken of financiën volgens plan verlopen.

Emoties

Dromen over koninklijke figuren draaien vaak om het gevoel 'onderdaan' te zijn. Denk na over het gevoel van passiviteit in de droom en de mogelijke verbanden met uw situatie thuis of op het werk. Was u aan de genade van de vorst overgeleverd of kon u zich actief blijven opstellen. Als u de vorst was, kan de droom een waarschuwing zijn dat u 'van uw troon moet stappen' en anderen mee moet laten praten.

Koninklijke figuren wijzen soms op de wens meer status of macht te hebben. Als de dromer zelf de vorst was, is het belangrijk te bedenken hoe hij deze positie had verkregen en hoe de omgang met het hof was.

Koning op een troon

Een droom waarin een koning op een majestueuze troon zit, kan duiden op het vermoeden dat iemand u in het dagelijks leven bedriegt.

Koningin die zwaait/ in een koets

Een droom over een koningin die vanaf een balkon zwaait naar een menigte kan de komst van nieuws van ver voorspellen. Als de koningin in een prachtige koets zat, kan dat verbonden worden met een verborgen verlangen naar macht en roem, waarvoor u zich schaamt.

Koningin bij kaartspel

Als het gaat om een koningin van een kaartspel, kan de droom te maken hebben met arrogantie of te veel zelfvertrouwen. Het is beter eerst na te denken voor u iets zomaar zegt of doet – u zou wel eens spijt kunnen krijgen van overhaaste woorden of daden.

Dromen in het WIT

In westerse culturen wordt de kleur wit geassocieerd met onschuld en reinheid. In het Oosten wordt wit echter gezien als de kleur van dood en rouw. Het is dus belangrijk te letten op de culturele context van de droom. In een westerse context kunnen dromen in het wit onbedorven, pure gevoelens van de dromer weerspiegelen. Een witte droom kan ook betekenen dat de toekomst van de dromer er zonnig en ongecompliceerd uitziet. De volgende personen en locaties komen veel voor in dromen in combinatie met de kleur wit; ze kunnen als volgt geïnterpreteerd worden:

Koninklijk persoon

Een witte koninklijke figuur kan een symbool van hoop zijn. Heeft een gezagsdrager u aangemoedigd?

Woud/bos

Een woud of bos met witte bomen kan duiden op de wens een nieuwe, positieve levensfase te beginnen.

Kok/chef-kok

Een kok of chef-kok in het wit kan betekenen dat u behoefte hebt aan 'pure' voeding, liefde en affectie van uw omgeving.

Kamer

Een witte kamer wijst op een huidige, rustige situatie.

Andere droomsymbolen die vaak voorkomen in verband met wit:

Toneel

Een wit toneel of podium kan te maken hebben met succesvolle publieke aangelegenheden.

Hand

Een witte hand kan een nieuwe of verbeterde persoonlijke relatie symboliseren.

Kleding

Witte kleding suggereert dat u succes zult hebben met huidige zaken.

Hemel

Een witte hemel kan duiden op *wishful thinking* op een bepaald gebied van uw dagelijks leven.

Vogel

Een witte vogel, met name een duif, symboliseert vrede. Wellicht wilt u persoonlijke of sociale conflicten beëindigen.

Gebouw

Een wit gebouw suggereert dat u een beloning verwacht.

Bloem

Een witte bloem kan eenvoud en puurheid in een bepaald aspect van uw leven symboliseren.

Boek

Een wit boek kan betekenen dat u de basis legt voor een succesvolle onderneming.

Water

Wit water in een droom kan te maken hebben met zuiverheid en de behoefte aan reiniging in uw emotionele of persoonlijke leven.

HET MENSELIJK LICHAAM

Dromen over het menselijk lichaam betreffen meestal het lichaam van de dromer zelf, weerspiegelen hoe hij zich daarover voelt en kunnen dus iets zeggen over zijn eigenwaarde. Als de dromer tevreden was met zijn lichaam, kan dat betekenen dat hij zich in het dagelijks leven gerespecteerd voelt.

BORSTEN

Dromen over borsten hebben vaak een seksuele achtergrond, maar kunnen ook te maken hebben met moedergevoelens en relaties. Zulke dromen kunnen de behoefte aan psychologische of emotionele voeding weerspiegelen.

Positieve betekenis
Borsten in dromen hebben vaak te maken met groei en de natuur. Ze kunnen weergeven dat u een periode van persoonlijke ontwikkeling, spirituele verlichting of innerlijk herstel doormaakt.

Negatieve implicaties
De borsten in uw droom kunnen een overmatige binding met een bepaalde persoon weerspiegelen, meestal uw moeder of een moederfiguur.

Emoties
Borsten in dromen kunnen Moeder Aarde symboliseren. Hebt u ruimte om te groeien in uw wereld?

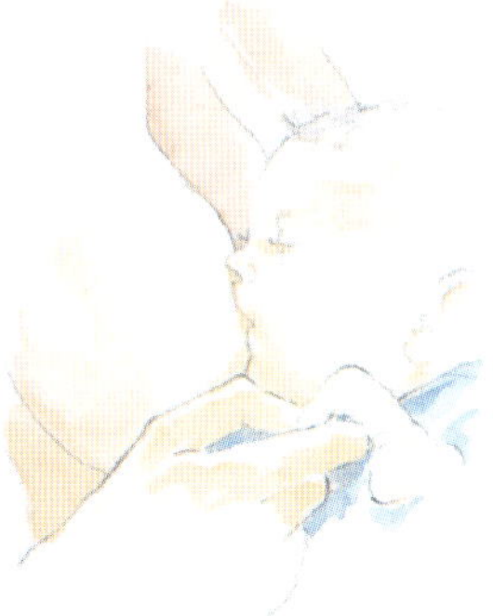

Rustend hoofd
Een droom waarin u het hoofd laat rusten op iemands borst voorspelt een nieuwe en langdurige vriendschap.

Volle of kleine borsten
Volle borsten in een droom kunnen worden geïnterpreteerd als een voorbode van goede tijden. Kleine of gerimpelde borsten kunnen daarentegen tegenslag voorspellen.

Doorzichtige kleding
Als een vrouw droomt dat haar borsten zichtbaar zijn door haar kleren heen, kan dat betekenen dat ze het gevoel heeft bewonderd te worden.

BILLEN

Billen komen vaak voor in dromen. Als u droomt dat u zichzelf tegen de billen trapt, voelt u zich waarschijnlijk door iemand afgekeurd. Billen die met een zweep worden geslagen, kunnen bewuste of onderbewuste seksuele verlangens weerspiegelen.

Positieve betekenis
Dromen dat u iemand tegen de billen schopt, kan betekenen dat u hoopt op een promotie op uw werk.

Negatieve implicaties
Als u tegen iemands billen wilt schoppen, maar mist, kan dat erop duiden dat een project kan mislukken als u zich niet precies aan uw plan houdt.

Emoties
Als de droom duidelijk seksueel gericht is, bedenk dan om wiens billen het ging en probeer het verband met uw seksuele verlangens te vinden.

Billen van dieren
Als er billen van dieren voorkomen in uw droom, kan dat welvaart voorspellen.

Meerdere billen
Een droom over meerdere billen kan aangename sociale aangelegenheden voorspellen.

Naakte billen
Naakte billen die u bedekt wilt hebben, duiden wellicht op een gevoel van schaamte of schuld.

Positieve betekenis
Een droom waarin u een bloedtransfusie ondergaat, kan betekenen dat u op het punt staat een probleem op te lossen.

Negatieve implicaties
Bloedverlies weerspiegelt meestal een afname van fysieke, spirituele of morele kracht. Als u bloed verloor uit een wond, moet u oppassen voor zakelijke voorstellen of experimentele projecten.

Emoties
Bloedsomloop in een droom kan een belangrijk symbool zijn. Als het bloed goed door de aderen stroomde, kan dat betekenen dat u in uw ogen op de juiste weg bent in het leven. Circulatieproblemen kunnen op hindernissen bij de planning van uw leven wijzen.

BLOED

Bloed is een veelvoorkomend droomsymbool en wordt vaak gezien als weerspiegeling van het leven zelf. Ook wordt het vaak gekoppeld aan persoonlijke kracht, spirituele zaken en verjonging. Deze verjonging kan een vorm van lichamelijk herstel zijn, emotionele bewustwording of spirituele hergeboorte. Door de diepe rode kleur en de rol ervan als levenskracht wordt bloed ook gekoppeld aan passie, liefde en woede. Een droom over vuurrood, snelstromend bloed kan een intense hartstocht van de dromer voor een persoon of situatie symboliseren, maar hij kan ook duiden op woede in het dagelijks leven jegens een dierbare.

Bebloede handen
Bloed op uw handen –een beeld dat treffend is omschreven in Shakespeare's *Macbeth*– kan wijzen op een diepgeworteld schuldgevoel over een handeling in uw leven.

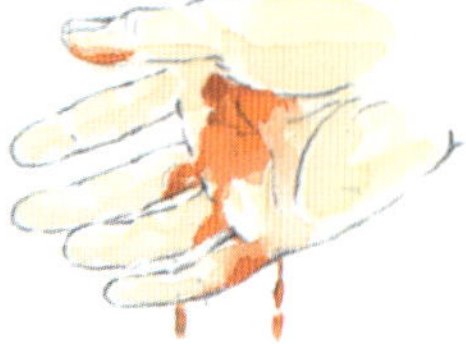

Bloedingen
Een droom over stromend bloed kan betekenen dat u zich op de een of andere manier uitgeput voelt. Misschien hebt u behoefte aan meer persoonlijke voldoening of aan verandering van omgeving.

Kleding met bloedvlekken
Kleding met bloedvlekken in uw droom kan betekenen dat iemand u wil hinderen op uw werk of u het streven naar uw droomcarrière belet.

Positieve betekenis

Een droom waarin u veel oren hebt, kan erop duiden dat u zich gewaardeerd of gerespecteerd voelt door uw collega's. Mensen in uw omgeving 'lenen u het oor' en luisteren vaak naar uw mening.

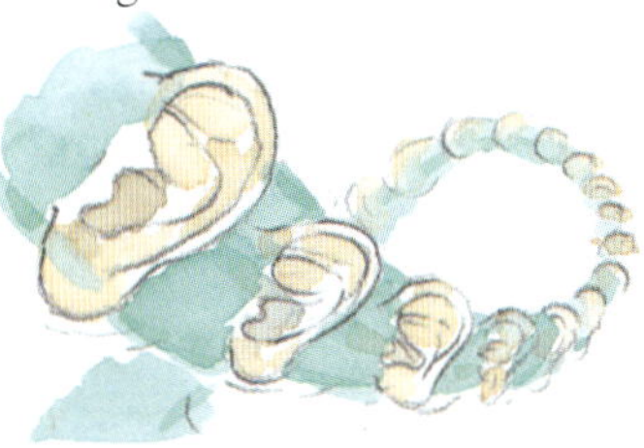

Negatieve implicaties

Dromen dat u de oren van een vreemd of wild dier hebt, wordt gezien als symbool van angst voor bedrog.

Emoties

Dromen over oren kunnen gaan over luisteren naar anderen of naar uw onbewuste. Luisterden de oren gewillig naar de informatie in de droom of wilden ze naar iets anders luisteren? Welke boodschap vingen ze op? Is er een verband met uw dagelijks leven?

OREN

Dromen over oren worden meestal gekoppeld aan luisteren. Ze kunnen te maken hebben met de behoefte van de dromer te luisteren naar anderen. Oren in dromen kunnen ook een aansporing zijn te luisteren naar het advies van een goede vriend of een familielid, of een teken dat u moet reageren op complimenten of kritiek. Het is belangrijk erop te letten van wie de oren in de droom waren. Als ze van een ander waren, kan de boodschap die ze opvingen –en de vraag of de dromer deze boodschap ook kon horen– belangrijk zijn voor de dromer. Deze dromen kunnen ook duiden op de angst dat iemand in het dagelijks leven belangrijke informatie voor de dromer achterhoudt.

Ooromvang

De omvang van de oren in de droom kan van belang zijn. Extreem grote oren kunnen betekenen dat uit onverwachte hoek hulp kan komen. Kleine oren voorspellen de ontdekking dat een collega of vriend oneerlijk tegen u is geweest.

Oren wassen

Een droom waarin oren gewassen worden wordt meestal gezien als voorbode van goed nieuws. Als u uw eigen oren waste, kan het zijn dat u het goede nieuws brengt; als iemand anders ze waste, is het goede nieuws wellicht afkomstig van anderen.

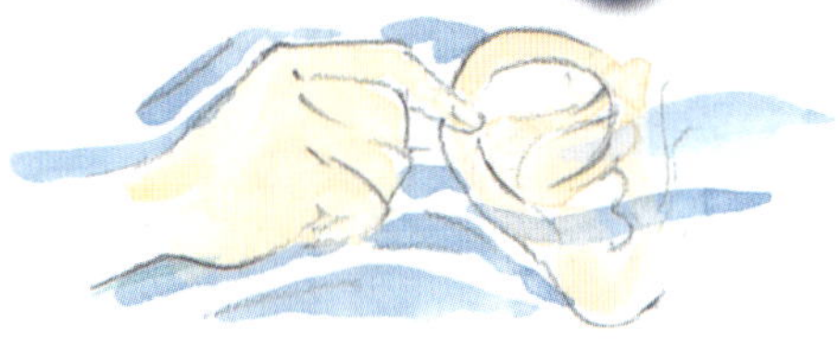

Aan het oor trekken

Een droom waarin aan uw oor wordt getrokken –of waarin u aan iemands oor trekt– kan duiden op een conflict op de werkplek. Hoe hard werd er getrokken? Probeer een verband te vinden tussen de droom en uw werksituatie.

Haar

Gezond en verzorgd haar —vooral als het glanst— weerspiegelt jeugd, vitaliteit en een positief zelfbeeld. Haar dat er slecht uitziet of uitvalt kan duiden op een lage eigendunk. Haar is ook een symbool van seksualiteit. Bij mannen wordt het verbonden met potentie, bij vrouwen met het aantrekken van een partner.

Positieve betekenis

Een droom over een onbekende vrouw met prachtig haar wordt vaak geassocieerd met vriendschap en geluk.

Negatieve implicaties

Gevlochten of warrig haar kan wijzen op ingewikkelde problemen in uw dagelijks leven. Onhandelbaar haar kan betekenen dat u uw huidige tactiek bij het oplossen van problemen moet herzien.

Emoties

Als het haar in uw droom goed verzorgd is, kan het zijn dat uw innerlijke ik ook in goede staat verkeert. Als u het haar in de droom verwaarloosde, komen uw onderliggende behoeften misschien tekort.

Geparfumeerd haar

Dromen over geparfumeerd haar kunnen te maken hebben met arrogantie of ijdelheid. Besprenkelde u uw haar zelf met parfum of deed een ander dat voor u?

Haar knippen

Als u uw eigen haar liet knippen, kan dat duiden op succes bij een nieuw initiatief. Als u het haar van een ander knipte, moet u wellicht acht slaan op mensen die vijandig overkomen.

Haar kammen

Uw eigen haar kammen in een droom kan te maken hebben met het oplossen van persoonlijke problemen; als u andermans haar kamt, kan dat de komst van oplossingen voor lastige problemen voorspellen.

Gebit

Dromen over het gebit hebben meestal te maken met eigenwaarde. Een droom over uitvallende tanden en kiezen kan te maken hebben met de angst om ouder te worden, onzekerheid of het zelfbeeld van de dromer. Een rottend gebit in een droom kan staan voor de achteruitgang van een relatie.

Positieve betekenis

Een stralend of mooi gebit kan welvaart of vriendschap symboliseren. Een rechte rij tanden en kiezen kan duiden op harmonie in de familiekring of een groep vrienden.

Negatieve implicaties

Als een van de tanden of kiezen in de droom veel langer is dan de rest kan het zijn dat u bang bent voor droevig nieuws of teleurstelling op het werk.

Emoties

Dromen over de wortels van uw gebit kunnen de stabiliteit van uw relaties in het dagelijks leven weerspiegelen. Als u behandeld moet worden, kan het zijn dat bepaalde relaties moeten worden herzien.

Een tand of kies trekken

Een droom waarin u een of meer van uw eigen tanden of kiezen trekt kan een waarschuwing zijn: handel niet voordat u het probleem van alle kanten hebt bestudeerd.

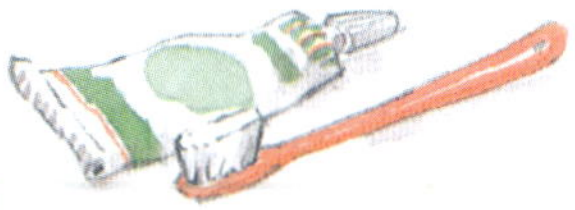

Tanden poetsen

Het poetsen van uw tanden in een droom wordt vaak gekoppeld aan het geven van geld aan vrienden of relaties.

Iets tussen de tanden

Als u iets tussen uw tanden weghaalt, kan dat betekenen dat een schijnbaar uitzichtloos probleem snel opgelost kan worden. Als u het niet kunt verwijderen, gaat het oplossen van het probleem wellicht lang duren.

BENEN

Een droom over benen kan weergeven in hoeverre de dromer zich aangemoedigd voelt in het dagelijks leven en of hij behoefte heeft aan een zekere ondersteuning.

POSITIEVE BETEKENIS
Een droom over sterke, gezonde benen duidt op een algemeen gevoel van tevredenheid, zowel thuis als op het werk.

NEGATIEVE IMPLICATIES
Als u een houten been had in uw droom, voelt u zich misschien te afhankelijk van anderen.

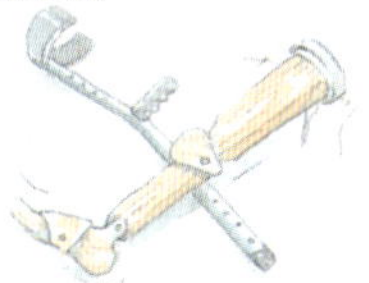

EMOTIES
Jeukende benen kunnen een teken zijn dat u tijd en energie verspilt aan zorgen over iets of iemand.

RUGGENGRAAT

Dromen over de ruggengraat hebben te maken met menselijke wil en vertegenwoordigen vastberadenheid, moed en zelfvertrouwen.

POSITIEVE BETEKENIS
Een sterke, mooie ruggengraat kan duiden op innerlijke kracht en vastberadenheid.

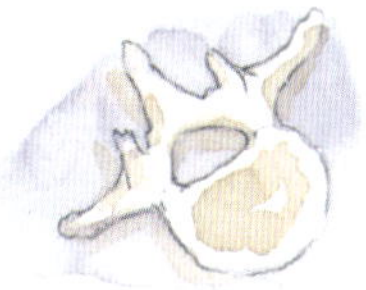

NEGATIEVE IMPLICATIES
Een kromme ruggengraat kan een gebrek aan wilskracht weerspiegelen en betekenen dat u thuis of op uw werk voor uzelf moet opkomen.

EMOTIES
De rechtheid van de ruggengraat kan weergeven in hoeverre u het gevoel hebt in contact te staan met uw onderbewustzijn.

VOETEN

Voeten in dromen weerspiegelen de vooruitgang in het leven van de dromer, vooral als ze vooruit lopen. Lopen ze achteruit, dan kan dat betekenen dat de dromer de verkeerde kant op gaat in het dagelijks leven.

POSITIEVE BETEKENIS
Het wassen van uw voeten –door uzelf of een ander– kan betekenen dat u afstand hebt genomen van alledaagse zorgen.

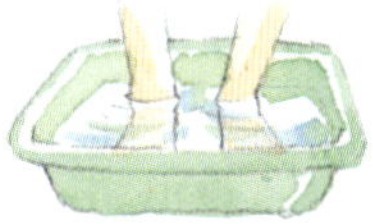

NEGATIEVE IMPLICATIES
Veel voeten die samen lopen kunnen wijzen op materieel verlies. Zo'n droom kan aansporen tot meer aandacht voor uw financiële situatie.

EMOTIES
De kracht of vastberadenheid van de voeten kan aangeven hoe u een bepaalde opgave benadert. Is uw doel gemakkelijk bereikbaar of moet u er hard voor werken?

HANDEN

Handen in dromen kunnen de dromer vaak aanwijzingen geven voor het dagelijks leven. Een fijngebouwde hand kan een bepaalde richting aangeven; een verweerde hand kan een heel andere kant op wijzen.

POSITIEVE BETEKENIS
Liefkozing van handen staat meestal voor vriendschap of romantiek, soms zelfs voor huwelijk. Als u iemands handen streelde, bedenk dan hoe belangrijk die persoon voor u is.

NEGATIEVE IMPLICATIES
Vieze handen wijzen op de noodzaak slecht gedrag te stoppen, want anders daalt u in de achting van anderen.

EMOTIES
De behendigheid van de handen in dromen kan te maken hebben met persoonlijke zaken. Was het gemakkelijk of moeilijk om ze te sturen? Als het moeilijk was, voelde u zich dan gefrustreerd of bleef u het geduldig proberen?

Positieve betekenis

Dromen waarin u scherp kunt zien, worden vaak geïnterpreteerd als een goed voorteken. Helder zicht kan staan voor succes bij zelfgekozen uitdagingen. Uw droom kan betekenen dat een zakelijk project of verandering in uw carrière goed zal verlopen dankzij overzichtelijke planning.

Negatieve implicaties

Als u droomt dat uw eigen zicht wazig is of belemmerd wordt, kan dit gezien worden als een teken voor de behoefte aan financiële bijstand. Een zakelijk project zou kunnen mislukken tenzij u helemaal terug naar het begin gaat; worden de juiste wijzigingen doorgevoerd, dan kan het uitlopen op een succes.

OGEN

In de Oudheid werden ogen gezien als symbool van geloof. Ogen werden ook beschouwd als een toegang tot de ziel, aangezien ze de ware aard van de psyche van de persoon onthullen. In dromen werd het waarnemend vermogen van ogen gezien als de weerspiegeling van het begrip dat de dromer van de wereld heeft. Scherpe ogen zouden op kracht en zicht op de ziel van de dromer duiden. Ogen die niet kunnen zien, zouden een gebrek aan inzicht weergeven. Deze interpretaties worden ook vandaag gehandhaafd en ogen worden nog steeds vaak beschouwd als symbool van de dromers perceptie en interpretatie van de wereld. Ogen in dromen zouden ook in contact staan met de toekomst en door middel van helderziendheid gebeurtenissen kunnen voorspellen.

Oogkwetsuur of –ziekte

Dromen over een oogkwetsuur of –ziekte kan duiden op angst om uw reputatie. Bent u bang dat iemand twijfels heeft over uw karakter of iets tegen u in zijn of haar schild voert? Bedenk of die dreiging er is en of u er eventueel iets aan kunt veranderen.

Wenkbrauwen

Wenkbrauwen in dromen –vooral welgevormde– kunnen waardigheid en eer symboliseren, en weergeven dat u gerespecteerd wordt door een onverwachte groep mensen. Een droom over uitvallende wenkbrauwen duidt op verlies van sociale status.

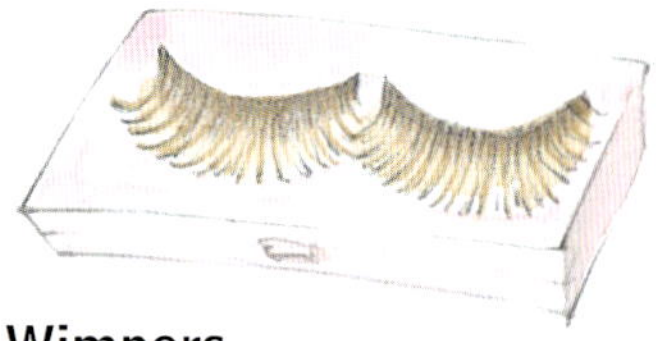

Wimpers

Een droom met daarin een of meerdere wimpers kan te maken hebben met een geheim dat u is verteld, misschien met informatie die voor problemen kan zorgen als u het doorvertelt.

Emoties

Het oog of de ogen in uw droom kunnen een teken zijn dat u acht moet slaan op een boodschap van uw onbewuste. Let op de kwaliteit en de inhoud van de droom. Wat was uw reactie op wat u in uw droom zag? Elke associatie met het oog –hoe vaag die ook mag lijken– kan een belangrijke link zijn met uw onbewuste.

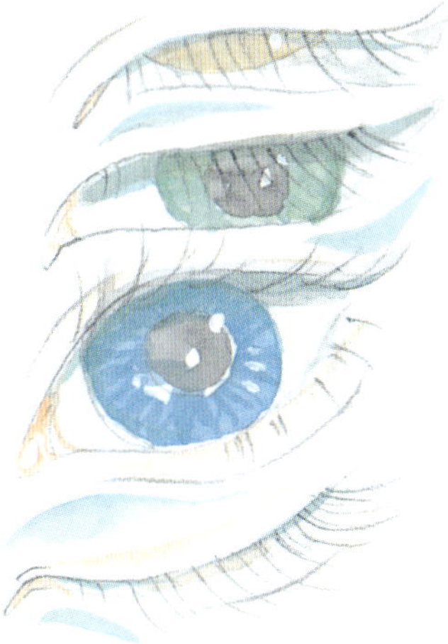

De warmte of koelheid van de uitdrukking van ogen wordt soms gekoppeld aan het emotionele welzijn van de dromer. Als de ogen lachen, maakt de dromer –nu of binnenkort– waarschijnlijk een tevreden periode door. Zien de ogen er bezorgd uit, dan kan dat angst voor emotionele of psychologische isolatie inhouden.

Zwevende ogen

Ogen los van een gezicht kunnen een ommekeer in uw financiële situatie betekenen. Zwevende ogen kunnen een verborgen verlangen weergeven om een risico op financieel gebied te nemen, waarbij u zeer voorzichtig moet zijn.

Vorm van de ogen

De vorm van de ogen in de droom kan belangrijk zijn. Als de ogen groot en geopend zijn, kan dat onschuld en kinderlijke opwinding weerspiegelen. Zijn ze smal of dichtgeknepen, dan houdt dit soms verband met bedrog.

Kleur van de ogen

Het kan van belang zijn of de ogen in de droom licht of donker zijn. Fletse ogen kunnen een sociale relatie voorspellen die veel geluk met zich meebrengt. Donkere ogen worden meestal gekoppeld aan romantische interesses en kunnen betekenen dat u klaar –of bijna klaar– bent voor een nieuwe romantische relatie.

POSITIEVE BETEKENIS
Een prachtig gezicht, dat niet lijkt op uw eigen gezicht, kan trots en eer weerspiegelen. Deze betekenis is nog sterker als het gezicht lachte of tevredenheid uitstraalde. Als u uw eigen gezicht in een spiegel ziet, voorspelt dat een lang, gezond leven voor u en uw dierbaren.

NEGATIEVE IMPLICATIES
Gezichten in dromen kunnen bekend zijn of totaal vreemd. Een onbekend gezicht in uw droom kan mogelijke veranderingen in uw leven symboliseren. Denk na over de veranderingen die zich eventueel gaan voordoen, zoals verhuizen of een nieuwe ontwikkeling op uw werk.

GEZICHT

Een droom over een menselijk gezicht kan te maken hebben met het zelfbeeld van de dromer en het beeld –realistisch of subjectief– dat hij overbrengt op anderen. Het gezicht is het eerste en meest veelzeggende lichaamsdeel dat anderen zien en dus is het erg belangrijk. Het gezicht kan aangeven hoe de dromer gezien wil worden. Als het een open gezicht is met een zuivere, frisse huid, kan dat het ware beeld van de dromer zijn – of een vorm van wensvervulling. Een verwilderd gezicht kan betekenen dat de dromer niet tevreden is met het beeld dat hij anderen geeft. De staat van het gezicht van de dromer kan ook zijn routine in het dagelijks leven weerspiegelen. Was het getekend door een

Bekende gezichten
Veel bekende gezichten kunnen duiden op een toekomstig feest of sociale gebeurtenis – misschien al wel gepland. Behoorden de gezichten tot dezelfde familie of vriendenkring, of vertegenwoordigden ze verschillende delen van uw leven?

Lippen
Opvallende lippen op een droomgezicht worden meestal geïnterpreteerd als een symbool voor de vrouwelijke genitaliën. Ook kunnen ze verbonden worden met communicatie en zelfexpressie. Zo kunnen ze erop wijzen dat u directer moet zijn tegen mensen in uw naaste omgeving.

Mond
Monden in dromen kunnen dezelfde seksuele betekenis hebben als lippen, maar houden ook verband met verschillende aspecten van voeding. Was het een lachende of een sombere mond? Dat kan aangeven hoe geborgen of liefdevol u zich op dit moment voelt.

Emoties

Uw gezicht reinigen in een droom kan schuldgevoel en spijt over iets symboliseren. Bedenk of u een slecht gevoel hebt over iets wat u onlangs hebt gedaan en, zo ja, op welke manier u uw geweten kunt sussen.

hectische planning? Een droom waarin het gezicht van een ander een belangrijke rol speelt, kan de gevoelens van de dromer voor die persoon weergeven.

Oud gezicht

Een droom over een gerimpeld gezicht kan een oudere persoon in uw leven vertegenwoordigen, maar kan ook duiden op wijsheid en een langdurig leven. Uw droom kan tevens betekenen dat u op zoek bent naar een leidraad in uw leven.

Neus

Een droom over uw neus kan betekenen dat u meer sociale contacten hebt dan u zich realiseert. Uw neus snuiten in uw droom voorspelt een vermeerdering van taken op persoonlijk vlak of in de familiesfeer. Een verstopte neus kan betekenen dat uw plannen op tegenstand stuiten.

Baard

Baarden in dromen worden vaak geïnterpreteerd als een symbool van mannelijkheid. Er kan ook een verband gelegd worden met de vrouwelijke kant van een man, vooral als de mond zichtbaar is.

Dromen in het ROOD

Verbonden met vuur, hitte en bloed wordt de kleur rood meestal gekoppeld aan energie, vitaliteit – en woede. Een droom in het rood kan duiden op hartstocht voor een project of relatie. Behalve dat kan hij ook duiden op onbewuste gevoelens of woede tegenover een persoon of situatie. De kleur rood komt vaak voor in combinatie met de volgende aspecten van het menselijk lichaam:

Hart
Een rood hart kan diepgewortelde passie of seksuele energie weerspiegelen, die op dit moment aanwezig is in uw leven.

Uitslag
Rode uitslag duidt meestal op gevoelens van irritatie of schaamte voor situaties in het dagelijks leven.

Oren
Felrode oren kunnen schuldgevoel, schaamte of verlegenheid openbaren.

Neus
Een rode neus kan wijzen op nieuwsgierigheid of op de gewoonte om uw neus in andermans zaken te willen steken.

Andere droomsymbolen die vaak voorkomen in verband met de kleur rood:

Vlammen
Vlammen geven aan dat er gevaar op de loer ligt. Sla deze waarschuwing niet in de wind.

Wijn
Wijn kan wijzen op rijkdom, persoonlijke tevredenheid of geluk.

Ballon
Een rode ballon kan symboliseren dat u uniek bent en het gevoel hebt anders te zijn dan de massa.

Papier
Rood papier kan te maken hebben met een verloren vriendschap.

Trouwjurk
Een rode trouwjurk, zoals hindoestaanse bruiden die dragen, kan staan voor het leven zelf.

Roos
Een rode roos kan een directe weerspiegeling zijn van romantiek en eeuwigdurende liefde.

DIEREN

Aan de dieren in onze dromen worden al lange tijd allerlei symbolische betekenissen toegekend. Volgens Freud vertegenwoordigen ze vaak gezagsdragers, zoals ouders. Dieren in dromen kunnen ook te maken hebben met een primitief instinct of 'het beest' in de dromer, dat in het dagelijks leven onderdrukt wordt.

STIER

De agressie en kracht van een stier worden verbonden met mannelijkheid; dromen over stieren kunnen het natuurlijke verlangen weerspiegelen onze mannelijke kant te ontdekken of te vermijden. Volgens Jung vertegenwoordigt een stier iemands ware aard. De bijbehorende dierlijke instincten zouden verborgen liggen onder de verschillende niveaus van ons bewustzijn.

Positieve betekenis
Een stier kan staan voor een belangrijk persoon in uw leven.

Negatieve implicaties
Een aanval van een stier in uw droom kan een waarschuwing zijn dat iemand die u als vriend beschouwt achter uw rug over u praat.

Emoties
Dromen over een stier gaan vaak over het temmen van het dier. Als dat lukt, kan dat betekenen dat u de 'dierlijke' aspecten van uw persoonlijkheid een plaats hebt kunnen geven.

Offer/stier in een porseleinwinkel
Het offeren van een stier duidt op een overwinning. Het beeld van een stier in een porseleinwinkel betekent dat u eerlijk tegenover uzelf moet zijn bij het maken van belangrijke keuzen.

Vechtende stieren
Twee vechtende stieren kunnen onmin tussen broers en zussen symboliseren, openlijk of onuitgesproken. Welke rol speelde u bij het gevecht? Kon u de afloop beïnvloeden?

Stierengevecht
Zo'n gevecht betekent dat er actie moet worden ondernomen om een ergernis in uw persoonlijke leven op te lossen.

VOS

Vossen worden over het algemeen gezien als sluwe, listige beesten. Daarom kan een vos in een droom ook een teken zijn van het onbewuste, dat aandacht moet worden besteed aan deze aspecten van de persoonlijkheid van de dromer. Een vos in een droom kan ook iemand uit het dagelijks leven vertegenwoordigen.

Positieve betekenis
Het jagen, vangen of doden van een vos in een droom duidt op plannen om mensen die tegen u samenspannen te slim af te zijn.

Negatieve implicaties
Dromen over vossen worden traditioneel gezien als voorbode van gevaar, vooral onopvallend gevaar. Zo'n droom kan u aansporen op uw hoede te zijn.

Emoties
De sluwheid van een vos in een droom kan staan voor de geslepen aspecten van uw karakter. Dit kan betekenen dat u openlijker moet zijn in uw omgang met anderen of het is juist een aansporing om iets berekender te zijn.

Tam of wild
Een vos in de omgeving van uw huis kan duiden op relatieproblemen. Een vos in de verte kan beschaamd verrouwen weerspiegelen.

Vossenjacht
Een droom over een vossenjacht met paarden kan een toekomstige sociale gebeurtenis voorspellen of een prettig samenzijn met anderen.

Vossenjongen
Vossenjongen in een droom worden gezien als weerspiegeling van huiselijke warmte en geborgenheid.

Positieve betekenis

Net als in de mythologie worden katten in dromen geassocieerd met vruchtbaarheid en een nieuw begin. Dromen over katten kunnen ook persoonlijke of financiële voorspoed voorspellen.

Negatieve implicaties

Een kat die in een droom wordt gedood of weggejaagd, is een slecht voorteken. Een krabbende kat kan symboliseren dat u uw territorium wilt verdedigen, vooral als u zich door iemand bedreigd voelt.

Emoties

Als de kat in uw droom rustig was, ziet de toekomst er veelbelovend uit. Was de kat boos of vijandig, dan kan dat een negatieve kant van uw persoonlijkheid weergeven. Dromen over katten worden ook wel geïnterpreteerd als teken van intuïtie, onafhankelijkheid en vrouwelijke uitstraling.

Kat

Katten worden meestal gezien als het symbool van wijsheid, list en geluk; sommige mensen denken zelfs dat ze het mysterie van leven, dood en wedergeboorte met zich meedragen. De betekenis van dromen over katten is afhankelijk van de werkelijke relatie van de dromer met katten. Als hij in het dagelijks leven bang is voor katten, kan de kat in de droom wijzen op angsten voor bepaalde aspecten van de dromer zelf. Als hij een kattenliefhebber is, kan de kat in de droom zijn sterke punten vertegenwoordigen. Katten worden ook gezien als weerspiegeling van de vrouwelijke kant van mensen. Sommige analytici zijn dan ook van mening dat een enge droom over katten te maken heeft met angst voor het vrouwelijke.

Kattenogen

Kattenogen kunnen betekenen dat u een ingewikkeld probleem doorziet. Ze kunnen ook staan voor de ontdekking van een lichtpuntje in een sombere situatie.

Miauwende kat

Een miauwende of jankende kat wordt vaak gezien als teken dat iemand achter uw rug om over u praat. Zo'n droom kan onzekerheid over vrienden of collega's benadrukken. Denk na over het geluid en uw reactie erop. Durfde u naar de kat toe te gaan of werd u afgeschrikt door de geluiden?

Negen levens

De idee dat de kat in uw droom negen levens had, heeft te maken met het nemen van meerdere hindernissen. De steeds weer overlevende kat kan staan voor uw eigen innerlijke kracht en uw vasthoudendheid bij tegenslag.

Positieve betekenis

Dromen over paarden worden meestal beschouwd als teken van tevredenheid. De dromer heeft waarschijnlijk vrede met zichzelf en zijn omgeving.

Negatieve implicaties

Als u bang bent voor het paard in uw droom, kan dat betekenen dat u vreest iets belangrijks kwijt te raken. Een vastgebonden paard kan duiden op een deel van uzelf dat behoefte heeft aan vrijheid.

Emoties

De snelheid van het paard in uw droom kan te maken hebben met hoe u het tempo van uw leven ervaart. Een rustig tempo betekent dat uw leven het tempo heeft dat u ervan verwacht, maar een paard in galop spoort aan tot sneller handelen.

Paard

Paarden worden geassocieerd met beweging, vrijheid en kracht. Paarden in dromen worden daarom gezien als symbolen voor de dierlijke instincten die de dromer kunnen helpen 'zich te laten gaan'. Hoe was de relatie met het paard? Wie was de baas? Begeleidde of bereed de dromer het paard of volgde hij het alleen? Als er werd gereden, klemde de dromer de teugels dan krampachtig vast uit angst de controle te verliezen of kon het paard gemakkelijk de gewenste kant op worden gestuurd?

Het paard kan ook het onderbewustzijn symboliseren. In sommige mythen praten paarden als mensen. Als het paard in de droom praat, kan het gaan om een boodschap van de innerlijke ik aan de dromer.

Boos paard

Een bokkend paard is een teken dat uw plannen tegenstand kunnen oproepen. Misschien moet u meer tijd besteden aan het overtuigen van anderen. Vechtende paarden duiden op spanningen in uw vriendenkring.

Bestijgen/galopperen

Een ruiter die een paard bestijgt, kan duiden op een pril geluk. Paarden in galop of tijdens een wedstrijd voorspellen spoedig zakelijk succes. Ze kunnen ook opgetogenheid weerspiegelen en eventueel de behoefte om uit te stijgen boven de kleine beslommeringen van alledag.

Hoefijzer/verzorgen

Dromen over hoefijzers worden vaak gekoppeld aan geluk. Het verzorgen van een paard kan betekenen dat u geluk zult hebben bij een gewaagde onderneming.

Positieve betekenis

Dromen over vogels worden gezien als een voorbode van geluk. Vogels met gespreide vleugels duiden op een gevoel van vrijheid en een toekomst vol mogelijkheden. Als u zelf de vliegende vogel bent, kijk dan goed naar uw uitzicht. Is de grond goed zichtbaar of kunt u moeilijk zien waar u naartoe gaat?

Negatieve implicaties

Vliegende vogels kunnen wijzen op een wens om te ontsnappen. Als de vogel niet kan vliegen, voelt u zich misschien gevangen in een moeilijke situatie. Een gebroken of gekortwiekte vleugel kan betekenen dat iemand u remt of ervan weerhoudt succesvol te zijn.

VOGEL

In veel tradities symboliseert een vogel zowel de ziel als het bewustzijn. Een vogel in een droom kan dan ook betekenen dat het onbewuste en het bewustzijn van de dromer in evenwicht zijn. De vogel kan ook een aspect van de gevoelswereld van de dromer symboliseren, dat voor herstel en compleetheid zorgt. Vaak voelen dromers zich na een droom over vogels opgewekt en vol energie.

In veel mythologieën werden vogels gekoppeld aan spiritualiteit en sjamanen; een vogel die hoog boven de wereld vliegt, heeft contact met de goden en legt de verbinding tussen hemel en aarde. In de context van een droom kan dit geïnterpreteerd worden als het onbewuste dat een belangrijke

Albatros/pauw/zwaan

Een albatros in een droom voorspelt een zware last die onmiddellijk aangepakt moet worden. Een pauw is een teken van trots en tevredenheid; de kleurenpracht van de veren pralen met een persoonlijk succes. Een gracieuze zwaan kan aangeven dat u taken soepeltjes en efficiënt kunt volbrengen.

Struisvogel/uil/adelaar

Een struisvogel betekent dat u een lastige situatie uit de weg wilt gaan. Door de kop in het zand te steken, weigert u de waarheid onder ogen te zien. Een uil duidt op wijsheid, misschien die van u, of de behoefte aan hulp van een wijze kennis. Een adelaar symboliseert leiderschap en de gave anderen te motiveren.

Gewonde vogel

Een gewonde vogel in een droom weerspiegelt zorgen die misschien van korte duur zijn. Als u de gewonde vogel verzorgt, kan dat betekenen dat de verzorgende kant van uw karakter op dit moment actief is. Als de gewonde vogel het in zijn eentje moet redden, kan dat erop duiden dat u deze goede eigenschappen van uzelf verwaarloost.

Emoties

Eén vogel in een droom duidt op gevoelens van onafhankelijkheid en persoonlijke kracht. Een vlucht vogels kan te maken hebben met emoties over het werken of delen met anderen. Als u bij de vlucht vogels hoorde, bedenk dan hoe de relatie met de andere vogels was. Was u de leider, een van de vogels in de groep of een achterblijver?

boodschap of de oplossing van een probleem doorgeeft. Een vogel in een vlucht kan iets zeggen over de interactie van de dromer met anderen.

Gieren, kraaien en raven in dromen worden vaak geassocieerd met de dood van de dromer of zijn dierbaren. Een merel wordt soms beschouwd als een symbool voor de vrouwelijke kant van de psyche.

Fazant

Een fazant in een droom wordt meestal beschouwd als voorteken van geluk in de nabije toekomst. Als u in de droom fazanten ziet die u hebt doodgeschoten tijdens de jacht, kan dat betekenen dat u meer zelfvertrouwen krijgt of dat u eer of privileges krijgt toebedeeld.

Nachtegaal

Een nachtegaal wordt vaak geïnterpreteerd als een voorteken van succes of financiële voorspoed. Als er een nachtegaal voorkomt in uw droom terwijl u ziek bent, kan dat duiden op spoedig herstel. Als de nachtegaal in uw droom zingt, kan er een promotie op komst zijn op uw werk.

Ooievaar

Dromen over ooievaars worden meestal geïnterpreteerd als voorboden van veranderingen in het dagelijks leven van de dromer. Als de ooievaar op een nest zit, kan dat betekenen dat er problemen kunnen ontstaan in uw naaste familie.

DOLFIJN

Dolfijnen worden meestal geassocieerd met intelligentie, communicatieve vaardigheden, gratie en speelsheid. Als er in een droom dolfijnen voorkomen, kan dat betekenen dat deze kwaliteiten op dit moment de nadruk hebben in het leven van de dromer.

Positieve betekenis
Een dolfijn in uw droom kan betekenen dat uw intellect op de proef gesteld wordt en dat u denkwerk goed aankunt.

Negatieve implicaties
Soms betekenen dromen over dolfijnen dat u ongelukkig bent en snel op zoek moet gaan naar nieuwe uitdagingen.

Emoties
Dromen over dolfijnen hebben vaak te maken met communicatie –of een gebrek daaraan– in uw leven. Misschien probeert uw onderbewustzijn contact te leggen met uw bewustzijn.

Springende dolfijnen
Dolfijnen die boven water komen, staan voor succes bij het regelen van de verschillende aspecten van uw leven.

Koud water
Dolfijnen die in koud water zwemmen, kunnen erop duiden dat u de manier waarop u omgaat met een taak of verplichting moet veranderen.

Warm water
Dolfijnen die in warm water zwemmen, kunnen worden gezien als teken van tevredenheid met de huidige situatie.

VISSEN

Jung dacht dat vissen een diep niveau van het onbewuste symboliseren, omdat ze koudbloedig zijn en een belangrijke rol spelen in de evolutie op aarde. Dromen over vissen kunnen daarom diepgewortelde wensen en angsten weergeven die nog niet tot het bewustzijn zijn doorgedrongen.

Positieve betekenis
Veel vissen in een droom kunnen vruchtbaarheid of geluk in de toekomst symboliseren.

Negatieve implicaties
Vissen in een droom kunnen staan voor hebzucht of een hevig verlangen naar materiële ten koste van spirituele aspecten in het leven.

Emoties
Als u veel vissen ziet in uw droom kan dat een ontmoeting met uw ware ik vertegenwoordigen. Hoe zwommen de vissen? Maakte u deel uit van de school.

Helder water/dode vissen
Vissen in helder water worden in sommige mythen afgeschilderd als voorboden van financiële voorspoed. Dode vissen kunnen duiden op teleurstellingen of mislukkingen.

Vissen vangen
Een droom over een visnet kan betekenen dat u bang bent betrapt te worden. Vissen kunnen ook wijzen op het 'vangen' van onderdrukte gevoelens en het onder ogen zien daarvan.

Verschillende vissen
Ze duiden op meer sociale of commerciële activiteiten.

MUIS

Muizen worden meestal gezien als schuchtere beestjes, maar ze kunnen ook sluw en listig overkomen, bijvoorbeeld in Tom en Jerry. *Waren de muizen in uw droom jagers of prooi?*

POSITIEVE BETEKENIS
Een droom over een muis kan betekenen dat u binnenkort goed of veelbelovend nieuws krijgt.

NEGATIEVE IMPLICATIES
Een droom over een muis kan beschouwd worden als een teken dat er onenigheid heerst onder uw familie of vrienden.

EMOTIES
De gevoelens die het meest geassocieerd worden met muizen zijn schuchterheid, verlegenheid en machteloosheid. Uw droom kan dan ook een zoektocht naar meer emotionele kracht weerspiegelen.

KONIJN

Konijnen worden in verband gebracht met vruchtbaarheid en seksualiteit. Konijnen in dromen worden vaak geïnterpreteerd als de voorbode van persoonlijke groei en ontwikkeling of van een nieuw project.

POSITIEVE BETEKENIS
Een droom waarin konijn wordt gegeten, kan betekenen dat u uw werk leuk zult vinden en er ook goed in zult zijn.

NEGATIEVE IMPLICATIES
Veel konijnen weerspiegelen angst voor potentiële vijanden die u misschien proberen te ondermijnen.

EMOTIES
Een konijn in uw droom kan nieuwe verantwoordelijkheden symboliseren, die u graag op zich wilt nemen.

SLANG

In de joods-christelijke traditie symboliseert de slang het Kwaad, vanwege de slang in de Hof van Eden. In de Griekse en Romeinse mythologie staat hij voor de god van de geneeskunde.

POSITIEVE BETEKENIS
Een slang aanvallen of doden wijst op een overwinning op mensen die u graag onderuit zien gaan.

NEGATIEVE IMPLICATIES
Een opgerolde slang wijst op gevaar – of voelt u zich misschien geremd?

EMOTIES
Dromen over slangen kunnen wijzen op uw aangeboren wijsheid, uw seksualiteit of diepgewortelde verleiding en jaloezie.

TIJGER

De kracht en list die worden geassocieerd met tijgers kunnen staan voor een persoon of situatie die de dromer in het dagelijks leven als beangstigend of verwarrend ervaart.

POSITIEVE BETEKENIS
Een droom waarin u aan een tijger ontsnapt, wordt over het algemeen gezien als goed voorteken: er kan positief nieuws op komst zijn.

NEGATIEVE IMPLICATIES
Achtervolgd of gevangen worden door een tijger voorspelt gevaar.

EMOTIES
De tijger wordt meestal gezien als een symbool van angst, maar kan ook staan voor de listige en manipulatieve kant van uw karakter.

Positieve betekenis
Leeuwen in dromen kunnen te maken hebben met uw vaardigheden als leider in de praktijk of in theorie. Ze kunnen ook uw kracht (reëel of subjectief) weergeven en duiden op dapperheid, moed en de vaardigheid voor uzelf en uw overtuigingen op te komen.

Negatieve implicaties
Bang zijn voor een leeuw in een droom kan erop duiden dat u zich zorgen maakt over kritiek van iemand die boven u staat. Als de leeuw u aanvalt of op u loert, voelt u zich waarschijnlijk direct bedreigd.

LEEUW

De leeuw heeft veel mythische en moderne connotaties. Hij is de koning van de jungle, het symbool van macht en een sterrenbeeld. Hij is ook het bangige personage in de film The Wizard of Oz, *dat op zoek is naar de kracht om zijn angsten te overwinnen. Dromen over leeuwen worden meestal gekoppeld aan moed, trots, leiderschap en agressie uit zelfverdediging. De leeuw kan dus staan voor een van deze aspecten in de persoonlijkheid of het karakter van de dromer.*

De context waarin de leeuw in de droom voorkomt, kan belangrijk zijn bij de droomanalyse. Het uiterlijk van het dier en zijn gedrag tegenover de dromer zijn ook van belang. Als de leeuw in

Kop en oren
Een droom over de oren van een leeuw wordt beschouwd als weerspiegeling van de angst dat een naaste jaloers is. Als er een leeuwenkop voorkomt in de droom worden bepaalde ambities waarschijnlijk gerealiseerd.

Brullen/speelse leeuw
Een agressief brullende leeuw suggereert dat u iets moet doen aan de jaloezie van een vriend of bedrog op het werk. Een speels leeuwenjong kan nieuwe en vreugdevolle vriendschappen voorspellen.

Troep leeuwen
Een droom over een troep leeuwen duidt op mogelijk een nieuw project dat u zult leiden of waar u in een hecht team aan zult gaan werken.

Emoties

Als de koning der dieren vertegenwoordigt de leeuw het gevoel de touwtjes in handen te hebben. Als u op de rug van een leeuw rijdt, kan dat betekenen dat u de bescherming of steun nodig hebt van degenen die een zekere macht over u hebben.

bepaalde mate macht uitoefende over de dromer, kan de weerstand hiertegen iets zeggen over de fysieke of psychologische kracht van de dromer in het dagelijks leven.

Vechten

Een gevecht met een leeuw in een droom kan een weerspiegeling zijn van een meningsverschil in uw dagelijks leven. Won u in uw droom of werd u verslagen? Als u won, probeer u dan te herinneren of u de leeuw kon troosten met geruststellende daden of woorden.

Leeuwin

Een leeuwin in een droom wordt meestal gezien als teken van hoop, vooral als ze haar jongen beschermt of bij ze ligt. Een leeuwin met jongen kan ook goede familierelaties symboliseren.

Slapende leeuw

Een slapende leeuw kan betekenen dat alles in orde is in uw 'koninkrijk'. Meerdere slapende leeuwen kunnen erop duiden dat u uw emotionele tevredenheid met anderen moet delen.

Positieve betekenis
Dromen over honden worden meestal beschouwd als goed voorteken wat betreft vriendschap (in het algemeen of met betrekking tot één persoon) en toewijding.

Negatieve implicaties
Agressieve honden wijzen meestal op de angst aangevallen te worden. Hebt u een agressieve collega of is iemand in uw sociale omgeving afgunstig?

Emoties
De hond in uw droom kan staan voor een bekende. Als dat zo is, kan de droom te maken hebben met uw gevoelens voor die persoon. Is er sprake van een machtsverhouding tussen u en de hond of van wederzijds begrip?

HOND

Net als bij dromen over katten is het belangrijk voor de interpretatie van dromen over honden hoe de dromer in het dagelijks leven tegenover honden staat. Als hij bang is voor honden, kan een enge droom over honden daar een weerspiegeling van zijn. Als de dromer van honden houdt maar bang is voor de hond in de droom, kan dat duiden op kwetsbaarheid en de behoefte zijn huidige situatie onder de loep te nemen.

Sommige analytici denken dat honden in dromen karaktertrekjes van de dromer weerspiegelen, die met honden worden geassocieerd, zoals toewijding, trouw en vriendschap. Een hond in een droom kan ook staan voor een vriend of kennis in het dagelijks leven.

Blaffende hond
Een hond die blaft van opwinding of plezier kan het gevoel weerspiegelen dat u zich in sociaal opzicht geaccepteerd voelt. Een hond die kwaadaardig blaft, waarschuwt voor toekomstige zakelijke uitdagingen.

Vechtende honden
Vechtende honden in een droom kunnen strijd tussen familieleden of vrienden symboliseren, waarbij u misschien een uitspraak moet doen. Duurde het gevecht kort? Wie won?

Grote of kleine hond
Een grote hond kan een symbool zijn voor bescherming van een goede vriend of geliefde. Een kleine hond betekent dat u zich zorgen maakt dat uw vriendschappen niets voorstellen.

Positieve betekenis

Als u een wolf aanvalt of verslaat, zullen er waarschijnlijk verschillende problemen worden overwonnen. Als de wolf bij een meute hoort, kan dat duiden op trouw aan uw familie, vrienden of collega's.

Negatieve implicaties

Soms zijn wolven een symbool van wreedheid of ontrouw. Als u gebeten wordt in uw droom kan het zijn dat tegenstanders u schade zullen berokkenen.

Emoties

Wolven kunnen aangeven dat u bang bent voor het 'beest' in u en uw destructieve kanten. Dromen over (vooral agressieve) wolven worden vaak geassocieerd met onderdrukking – meestal van seksuele aard.

WOLF

De wolf heeft een bedrieglijk, manipulatief en wreed imago. Een droom over een wolf kan deze negatieve aspecten van de persoonlijkheid van de dromer weerspiegelen. Aangezien wolven in dromen meestal angstaanjagend zijn, kunnen ze ook iemand vertegenwoordigen voor wie de dromer in het dagelijks leven bang is. Als de wolf bijvoorbeeld kwetsbaar was, kan dat betekenen dat de dromer de verkeerde conclusies trekt over zichzelf of over goede vrienden of familieleden. Wolven kunnen ook seksuele connotaties hebben; een wolf in een droom kan dan worden gekoppeld aan de gevoelens van de dromer met betrekking tot seks.

Meute wolven/wolvenkop

Als u een meute wolven samen ziet rennen, duidt dat op de angst beroofd of bedrogen te worden, maar als u een wolvenkop ziet, kan dat succes op uw werk voorspellen.

Wolventanden/huilende hond

De tanden van een wolf kunnen staan voor angst voor het onbekende of zorgen over de toekomst. Een huilende wolf kan wijzen op een roep om hulp van een familielid of goede vriend.

Sprookjeswolf

Het klassieke wolfspersonage in sprookjes kan bedrog voorspellen. Als een vrouw droomt over een sprookjeswolf kan dat angst voor de mannelijke seksualiteit symboliseren.

Dromen in het PAARS

De kleur paars staat voor autoriteit, grootsheid en de wet. In de westerse samenleving worden juridische beroepen en de monarchie vaak gekenmerkt door verschillende tinten paars. Paars in dromen kan dus trouw, waarheid, rechtvaardigheid en spirituele boetedoening weerspiegelen. Sommigen stellen dat de kleur paars ook duidt op de mate van psychisch bewustzijn van de dromer en dat deze kleur gebeurtenissen in de toekomst kan voorspellen. Het soort paars kan iets zeggen over de huidige geestestoestand van de dromer en is belangrijk voor de interpretatie van de droom. De volgende dieren komen vaak voor in combinatie met de kleur paars en kunnen als volgt geïnterpreteerd worden:

Vogel
Een paarse vogel kan trots, moed en persoonlijke waardigheid symboliseren.

Vis
Exotische paarse vissen die bij elkaar zwemmen, duiden op onbelemmerde spiritualiteit.

Luipaard/jachtluipaard
Een paars (jacht)luipaard kan staan voor de kracht van uw emoties.

Kameel
Dromen over een paarse kameel kan betekenen dat u zich te onderdanig opstelt tegenover een gezagsdrager.

Andere droomsymbolen die vaak voorkomen in verband met de kleur paars:

Processie
Een paarse processie kan plechtige, ceremoniële gebeurtenissen voorspellen.

Kristal
Paars kristal symboliseert een onopgelost mysterie in uw dagelijks leven.

Glas
Een paars glas kan uw intuïtie of zelfbewustzijn vertegenwoordigen.

Vlam
Een paarse vlam kan een direct verband met uw onbewuste aangeven.

Mensen
Paars getinte mensen in uw droom voorspellen feestelijke, sociale gelegenheden.

Pen
Een paarse pen kan betekenen dat u openlijker moet communiceren.

Boek
Een paars boek kan suggereren dat u te weinig zelfvertrouwen hebt.

HANDELINGEN EN SITUATIES

Hoewel dromen over handelingen en situaties vaak te maken hebben met persoonlijke ervaringen, spelen ze zich meestal af in een onbekende omgeving. De emotionele reactie van de dromer op de handeling of situatie kan aangeven hoe hij denkt over relaties en de richting waarin zijn leven zich ontwikkelt.

WINKELEN

Winkelen wordt vaak verbonden met voldoening. Daarom kunnen dromen over winkelen veel zeggen over de behoeften en wensen van de dromer. Buitensporige aankopen weerspiegelen een zoektocht naar directe bevrediging, terwijl een kleine aankoop duidt op een zorgvuldige benadering van bepaalde kwesties in het leven van de dromer.

POSITIEVE BETEKENIS

Dromen over winkelen hebben te maken met vrijheid, keuzemogelijkheden en radicale beslissingen.

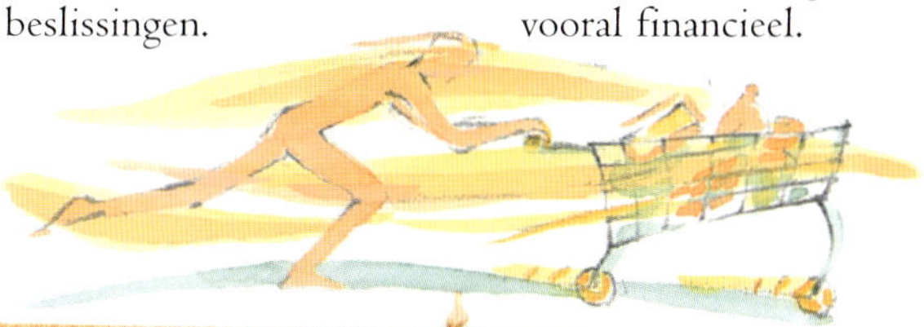

NEGATIEVE IMPLICATIES

Gehaast winkelen kan duiden op een gebrek aan zelfbeheersing, vooral financieel.

EMOTIES

Dromen over winkelen kunnen uw huidige emotionele behoeften weergeven. Was u rustig bezig de boodschappen voor de hele week te doen of legde u een noodvoorraad aan?

Voedsel

Levensmiddelen kopen weerspiegelt een heimelijke poging aandacht en toewijding van anderen te 'kopen'.

Aantrekkelijke artikelen

Als u droomt dat u artikelen koopt die u graag wilt hebben, wordt benadrukt dat u in werkelijkheid niet altijd krijgt wat u zou willen.

Eigenaar

Als u droomt dat u de eigenaar of manager van een winkel bent, zijn mensen misschien te afhankelijk van u.

TUINIEREN

Een tuin in een droom kan de dromer zelf vertegenwoordigen, vooral als het ging om een afgebakend gebied. Het bijhouden van een weelderig groene tuin kan innerlijke groei symboliseren en suggereren dat de dromer een positieve levensfase doormaakt. Als het gaat om een overwoekerde tuin, kan het zijn dat de dromer zichzelf of anderen verwaarloost.

POSITIEVE BETEKENIS

Dromen over tuinen kunnen winst en financieel succes voorspellen.

NEGATIEVE IMPLICATIES

Tuinieren in een droom kan voor verdriet staan.

EMOTIES

De staat waarin de tuin verkeert, kan te maken hebben met de toestand van uw psyche op dit moment. Stond de tuin in bloei of stond hij vol met onkruid? Was het wegdek op de paden intact of gebarsten?

Zaden

Zaden planten kan het ontstaan van nieuwe ideeën symboliseren.

Snoeien

Het snoeien van rozenstruiken of andere planten kan betekenen dat er spanning heerst in persoonlijke relaties.

Boomgaard

Een boomgaard weerspiegelt dat u de vruchten plukt van vergaarde kennis.

Positieve betekenis
Als u iets of iemand achtervolgt, werkt u waarschijnlijk hard en verwacht u een beloning voor uw inspanningen.

Negatieve implicaties
Achtervolgd worden heeft soms te maken met een gemiste deadline, werk dat niet af is of een bedreiging.

Emoties
Sommige mensen denken dat dromen over achtervolgingen onzekerheid weerspiegelen. Het kan zijn dat de dromer tegen een situatie opziet die hij liever zou vermijden. Hoe liep de achtervolging af? Als u de achtervolger was, ving u uw prooi dan? Als u achtervolgd werd, namen ze u ook gevangen?

Achtervolgen of achtervolgd worden

Achtervolgingen in dromen kunnen heel realistisch overkomen. Is de dromer de prooi, dan heeft de droom waarschijnlijk te maken met angst voor iets in het dagelijks leven, maar meestal voor iets in het onbewuste. Als de dromer de achtervolger is, betekent dat dat zijn bewustzijn dat deel van de psyche 'achtervolgt' waar hij bang voor is. Voor het vaststellen van de betekenis is het belangrijk te weten wie of wat er achtervolgd werd, of de prooi gevangen werd en wat er na de achtervolging gebeurde.

Eén achtervolger
Als u in uw droom achtervolgd wordt door één persoon bent u waarschijnlijk bang voor intieme relaties.

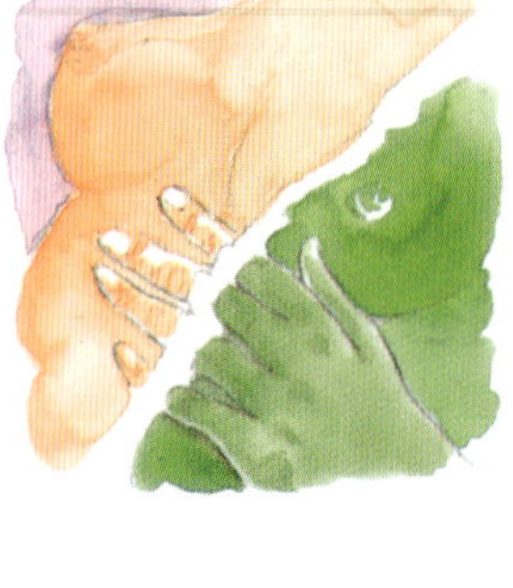

Meerdere achtervolgers
Als u door een groep achtervolgd wordt, kan dat erop wijzen dat u bang bent overrompeld te worden door familieleden of collega's, of dat uw mening over een belangrijke kwestie niet gehoord wordt.

Onzichtbare prooi
Achter een onzichtbare prooi aanzitten, duidt op stuurloos gedrag. Misschien moet u uw persoonlijke doelen definiëren.

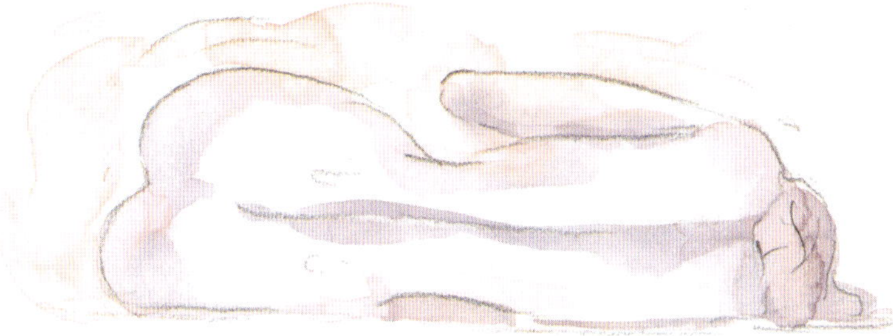

Emoties
Dromen over naaktheid weerspiegelen vaak het verlangen naar meer diepgang in persoonlijke relaties. In zulke dromen wordt de wens uitgedrukt achter de 'naakte waarheid' te komen over de drijfveer van mensen.

Positieve betekenis
Naakt zijn in een droom kan geluk of financiële voorspoed voorspellen.

Negatieve implicaties
Naaktheid in een droom kan duiden op het verlangen naar kinderlijke onschuld en een ontsnapping aan de eisen die het volwassen leven aan ons stelt.

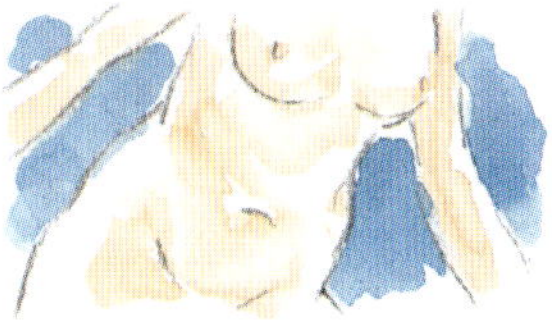

Naaktheid

Een naakte persoon in een droom kan het verlangen naar de oorspong van het leven weergeven in algemeen of persoonlijk opzicht. Naaktbeelden worden geassocieerd met het begin van het leven en kinderlijke onschuld. In het bijbelse verhaal over Adam en Eva staat hoe zij geluk kenden zonder schaamte, tot ze kennis vergaarden en de complicaties van de wereld leerden kennen. Dat verhaal vindt zijn weerklank in het persoonlijke verlangen weer kind te zijn zonder bewustzijn van de volwassen realiteit.

Als de dromer in de droom naakt was en zich zonder kleren op zijn gemak voelde, kan dat betekenen dat hij in het dagelijks leven goed in zijn vel zit.

Verlegenheid
Als u zich in de droom schaamt voor uw naaktheid, bent u misschien bang ontmaskerd of vernederd te worden.

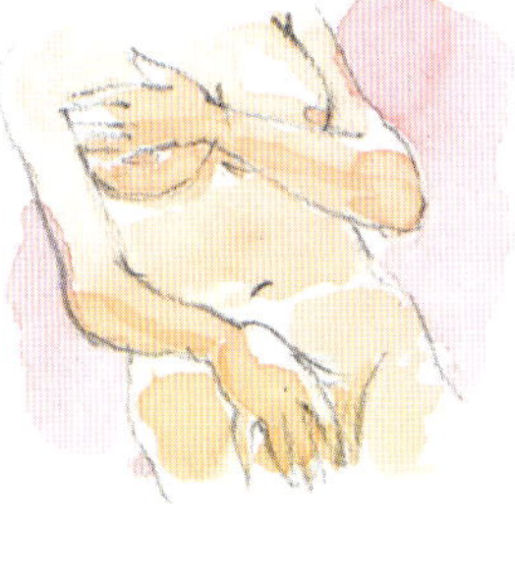

Exhibitionisme
Als u met uw naaktheid pronkte in de droom, kan dat wijzen op een verlangen naar nieuwe seksuele ervaringen.

Naaktheid van anderen
Als anderen naakt zijn in uw droom, wordt u op de een of andere manier bedrogen door mensen in uw directe omgeving.

Examens

Examens zijn hindernissen die we moeten nemen om in een volgend stadium te komen. Slagen of zakken voor een examen in een droom kan dan ook weergeven hoe de dromer zijn kansen inschat voor het oplossen van een probleem. Dromen over examens komen vaak herhaaldelijk voor en kunnen een oordeel bevatten over het al dan niet slagen in verschillende levensfasen.

Positieve betekenis

Als u in uw droom gemakkelijk slaagt voor een examen, kan dat positieve prestaties en het bereiken van uw doel voorspellen.

Negatieve implicaties

Als u zakt, kan dat wijzen op te hoge ambities.

Emoties

Dromen over examens duiden op de angst ergens niet klaar voor te zijn en het gevoel op de proef gesteld te worden. Terugkerende dromen over examens duiden op het gevoel mislukt te zijn.

Succes

Als u slaagde en een diploma kreeg, bent u waarschijnlijk ambitieus en trots op wat u doet.

Voortijdig vertrek

Als u voortijdig het examen verlaat, kan dat duiden op arrogantie of ijdelheid. Hebt u deze eigenschappen misschien onlangs laten zien in het dagelijks leven?

Spieken

Spieken voor een examen kan op het gevoel wijzen iets oneerlijk te hebben verkregen.

Operatie

Een operatie in een droom heeft vaak te maken met toekomstige veranderingen. Deze dromen kunnen beangstigend zijn, maar ook motiverende boodschappen bevatten. In een wat directer verband kan een operatie in een droom betekenen dat er in het dagelijks leven van de dromer iets moet worden hersteld.

Positieve betekenis

Operaties in dromen kunnen goed nieuws voorspellen.

Negatieve implicaties

Een operatie in een droom kan staan voor een lastige hindernis.

Emoties

Dromen over een operatie wijzen erop dat u misschien nadenkt over veranderingen in uw leven; de operatie is een metafoor voor uw spirituele of emotionele herstel.

Hartoperatie

Als u droomt over een hartoperatie moet u aandacht besteden aan uw emoties.

Keeloperatie

Een keeloperatie kan te maken hebben met de behoefte aan betere communicatie.

Nekoperatie

Operaties aan de nek hebben te maken met flexibiliteit en de noodzaak zich aan te passen in relaties en op het werk.

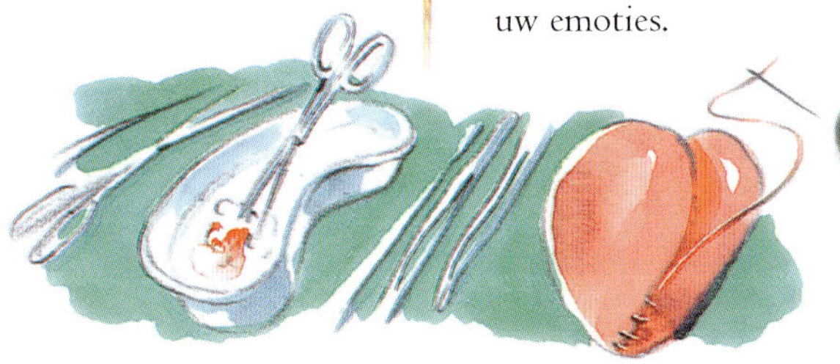

SEKS

Seks speelt een belangrijke rol in veel dromen en in de droommythologie. Veel droomverklaarders zijn van mening dat seksuele symbolen de combinatie van iemands mannelijke en vrouwelijke energie vertegenwoordigen. Een droom over seksuele handelingen kan duiden op het combineren van tegenstrijdige aspecten van het karakter en de integratie van het bewustzijn en het onbewuste van de dromer.

Positieve betekenis
Seksuele dromen weerspiegelen vaak seksuele verlangens of vroegere seksuele ervaringen.

Negatieve implicaties
Dromen over ongeremde seks kunnen weergeven dat uw seksleven in werkelijkheid wat terughoudend is.

Emoties
Seksuele dromen gaan vaak over positieve verbanden en de integratie van energiestromen; ze kunnen ook iets zeggen over uw ware seksuele gevoelens.

Plaagstootjes
Dromen over seksuele plaagstootjes symboliseren ambities die niet verwezenlijkt zijn.

Ongewone locaties
Dromen over seks op een ongewone locatie kunnen een exhibitionistische of openlijke kant van uw persoonlijkheid benadrukken.

Ongebruikelijke handelingen
Als u seksuele handelingen verricht waar u geen ervaring mee hebt, kan dat de behoefte aan experimenten in uw dagelijks leven weerspiegelen.

WASSEN/ BADEN

Wassen en baden zijn verbonden met reiniging, vaak in spiritueel verband. Een droom hierover kan symboliseren dat de dromer zich heeft ontdaan van oude of ongewenste gevoelens of houdingen. Als het water waarin de dromer zich waste vies was, kan dat betekenen dat hij een proces van spirituele of emotionele reiniging doormaakt.

Positieve betekenis
Dromen dat u zich wast in een fontein of zwembad met helder water weerspiegelt persoonlijk geluk.

Negatieve implicaties
Baden met kleren aan kan worden gezien als de voorbode van iets bedreigends.

Emoties
Dromen over wassen en baden hebben vaak te maken met een innerlijke reiniging. Ze worden beschouwd als weerspiegeling van het verlangen naar puurheid in het zakelijke, sociale of familieleven.

Gezicht
Het wassen van een gezicht in een droom wordt soms gekoppeld aan het einde van een ruzie of een slepend meningsverschil.

Haar
Het wassen van uw haar betekent dat u gevaar zult ontwijken.

Voeten
Het wassen van voeten kan worden gezien als symbool voor ontevredenheid of een ongelukkig gevoel.

Positieve betekenis
Een droom over klimmen symboliseert dat het goed met u gaat, dat u dingen bereikt en dat u op persoonlijk vlak tevreden bent.

Negatieve implicaties
Als u klimt zonder ooit op de bestemming aan te komen, duidt dat op de angst te falen bij het uitvoeren van een taak of het voltooien van een project.

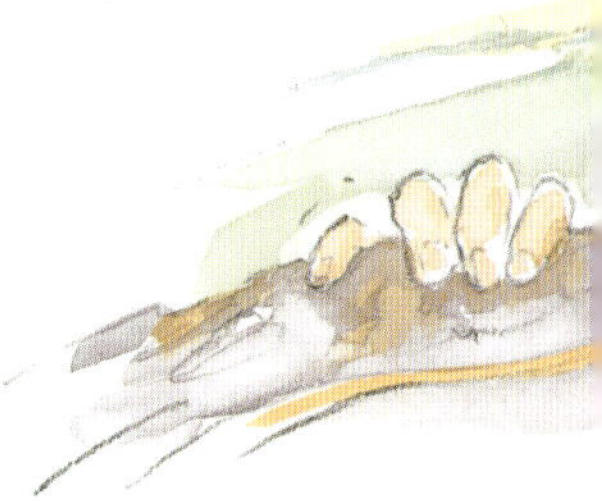

KLIMMEN

Dromen over klimmen kunnen op vele manieren geïnterpreteerd worden. Klimmen wordt vaak gezien als worsteling in combinatie met het uiteindelijke succes als de dromer de top bereikt. Vooral het beklimmen van een berg kan staan voor escapisme: gehoor geven aan de wens te vluchten voor een bepaald aspect van het leven. De moeite of het gemak waarmee de dromer klom, kan de vooruitgang in zijn leven weerspiegelen en zijn omgang met dagelijkse gebeurtenissen. Het uitzicht dat hij vanaf de top had en wat hij onderweg zag, kan te maken hebben met dilemma's. Als het uitzicht vanaf de top belemmerd werd, kan dat iets zeggen over het aanpakken van persoonlijke problemen.

Ladder
Het beklimmen van een ladder duidt op eer en respect. Het kan te maken hebben met een klassiek thema als de jakobsladder. Ook kan de ladder staan voor een verbinding tussen verschillende aspecten van uw persoonlijkheid.

Boom
Het beklimmen van een boom duidt op het verkrijgen van een machtspositie. Met welke snelheid klom u en hoe voelde u zich toen u uiteindelijk aan de top stond?

Muur
Het beklimmen van een muur duidt op de behoefte een oplossing te vinden voor een probleem dat u misschien nog niet bewust onder ogen wilt zien.

Emoties

Hoe voelde u zich tijdens het klimmen? Was u vol ongeduld om de top te bereiken of deed u het rustig aan in de overtuiging dat u er toch wel zou komen? Uw emoties kunnen weergeven wat u vindt van de voortgang in uw dagelijks leven.

Dromen over het vliegen in een vliegtuig dat probeert te klimmen, kan betekenen dat de dromer zich bewust is van hindernissen die genomen moeten worden.

Vliegtuig dat klimt boven het water

Als u droomt dat u in een vliegtuig zit dat boven een groot wateroppervlak aan het klimmen is, kan dat staan voor het gevoel te veel voor uw rekening te hebben genomen. Misschien hebt u uw vaardigheden voor het afronden van een bepaald project in het dagelijks leven overschat.

Boven aan een afgrond

Als u weet dat u in een afgrond terecht zult komen als u valt tijdens het klimmen, maakt u waarschijnlijk een periode van onzekerheid of zorgen door in uw dagelijks leven. Zo'n droom kan ook weergeven dat u een persoonlijke reis aan het maken bent, die nog niet voorbij is.

Lage hoogte

Een vliegtuig dat op lage hoogte vliegt en probeert te klimmen wordt vaak geassocieerd met tegenslagen of moeilijkheden in het liefdesleven van de dromer.

Dromen in het GEEL

Volgens sommige droomanalytici staat de kleur geel voor het intellect van de dromer en de mate waarin hij rechtlijnig denkt. Dromen in het geel kunnen dus een teken zijn dat iemand helder nadenkt en vastbesloten is over een aspect in zijn leven. Geel wordt traditioneel ook geassocieerd met angst en lafheid. De volgende droomsymbolen komen binnen de context van handelingen en situaties in dromen vaak voor in combinatie met de kleur geel; ze kunnen als volgt worden geïnterpreteerd:

Pijlen afschieten
Een droom waarin u gele pijlen of dartpijltjes afschiet, kan betekenen dat u door helder nadenken uw doelen kunt bereiken.

Speelbal
Als in de droom wordt gespeeld met een gele bal, probeer dan te bedenken of u deelnam aan het spel. Stond u misschien langs de lijn en was u te bang om mee te doen?

Spelen in een speeltuin
Spelen op een geelachtige speeltuin kan terugslaan op het gevoel uit uw jeugd er niet bij te horen.

In een kamer zitten
In een gele kamer zitten duidt op een extra scherp waarnemingsvermogen in een bepaalde situatie. Probeer te bepalen wat voor situatie het is en of u er iets aan kunt verbeteren voor uzelf of uw omgeving.

Andere droomsymbolen die vaak voorkomen in verband met de kleur geel:

Eigeel
Staat voor creativiteit en vitaliteit.

Zon
Een brandende gele zon kan energie, kracht en de levenscyclus symboliseren.

Voedsel
Dromen over geel voedsel, zoals pasta of vla, kunnen laffe gevoelens weerspiegelen.

Vogel
Gele vogels kunnen een verlangen naar bevrijding vertegenwoordigen of de wens te vluchten naar een hoger bestaansniveau.

Banaan
Een banaan kan erop wijzen dat u behoefte hebt aan een stoot energie.

Bloemen
Gele bloemen kunnen creativiteit en verandering in uw leven symboliseren.

Briefje
Een geel briefje kan betekenen dat er verandering op komst is, maar dat die kan worden vertraagd door tegenslagen.

Donkergeel
Donkergeel in een droom kan de angst voor ziekte of afnemende gezondheid aangeven.

Gras
Geel gras kan betekenen dat u behoefte hebt aan voeding in lichamelijk of emotioneel opzicht.

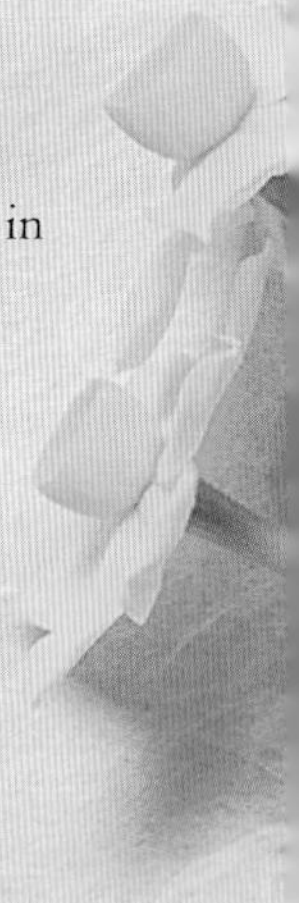

alledaagse voorwerpen

Dromen over alledaagse voorwerpen kunnen over gewone activiteiten van de afgelopen dag gaan. Veel analytici denken echter dat alledaagse voorwerpen in onze dromen vaak symbolische connotaties hebben. De handelingen in verband met deze alledaagse voorwerpen en de context waarin ze voorkomen in de droom zijn belangrijk bij de interpretatie.

Positieve betekenis
Een droom waarin iets wordt opgetild met behulp van een hefboom wordt vaak geïnterpreteerd als de behoefte aan verdere persoonlijke groei. Kostte het heffen veel moeite? Als er een probleem was, hoe werd dat dan uiteindelijk overwonnen?

Negatieve implicaties
Dromen over een ploeg kan te maken hebben met de behoefte een emotioneel probleem op te lossen. Wellicht moet er vastbesloten en daadkrachtig gehandeld worden om tot een oplossing te komen.

Emoties
Aan bepaalde gereedschappen wordt een seksuele betekenis toegekend. Zo heeft een hamer die op een spijker slaat met geslachtsgemeenschap te maken, terwijl naald en draad vroege seksuele ervaringen symboliseren.

Gereedschap

Dromen over gereedschap worden soms geïnterpreteerd als symbolen van mannelijkheid en de mannelijke seksualiteit. De fallische vorm van bepaalde gereedschappen valt gemakkelijk op deze manier te interpreteren. Omdat ze vaak gebruikt worden om ergens in te graven of boren, worden deze voorwerpen wel gezien als weerspiegeling van diep in het geheugen van de dromer weggestopte zaken. Hoe werd het gereedschap gebruikt? Dat kan te maken hebben met de psychische toestand van de dromer. Als het voorwerp bijvoorbeeld iets schoonveegde of brokstukken opruimde in de droom, in plaats van ze gewoon van de ene plaats naar de andere te verplaatsen, kan dat duiden op spirituele of psychologische reiniging of verjonging.

Kurkentrekker
Dromen over kurkentrekkers kunnen te maken hebben met het 'open trekken' van een project. Als de kurkentrekker gemakkelijk te gebruiken was, dan zullen problemen gemakkelijk oplossen; als u er moeite mee had, dan zult u op problemen stuiten.

Schop
Ook in een droom kan een schop worden gebruikt om te graven of iets te bedekken. Als u aan het graven was, zocht u toen iets? Wat dan? Als u iets aan het verbergen was, had dat te maken met iets wat u onbewust misschien trachtte te vermijden?

Waterpas
Een waterpas in een droom kan een poging symboliseren dingen in evenwicht te houden – misschien in tegenstelling tot een eerder voorval waarbij de zaken uit de hand liepen.

Positieve betekenis

Geld ontvangen in een droom is meestal een goed teken, vooral als het verkregen werd door er hard voor te werken. Zulke dromen kunnen ook creatieve inspanning symboliseren.

Negatieve implicaties

Als u bankbiljetten omwisselt voor munten kan dat duiden op financiële problemen. U hebt een belangrijke beslissing uitgesteld die uw financiële zekerheid in de toekomst zal beïnvloeden.

Emoties

Als u grif geld uitgeeft in uw droom, kan dat duiden op gevoelens van welwillendheid en persoonlijke tevredenheid. Als u alleen keek maar niets kocht, hebt u misschien het gevoel dat u emotioneel niet bevredigd wordt of dat u iets ontzegd wordt.

GELD

Volgens de meeste droomanalytici geven dromen over geld onze mogelijkheid tot geven of nemen weer. De droom kan ook weerspiegelen hoe de dromer in het dagelijks leven met geld omgaat. Geld kan ook duiden op vrijgevigheid of gierigheid. Zo kunnen grote geldbedragen een gul iemand weerspiegelen –of de wens van de dromer dat te zijn– terwijl kleine geldbedragen aangeven dat de dromer geen afstand wil of kan doen van grote bedragen. De emoties die de dromer heeft als hij in zijn droom geld vindt of ziet, zijn ook belangrijk. Verassing of blijdschap kan welvaart voorspellen; een nuchtere aanname van het geld kan duiden op tevredenheid in financieel opzicht.

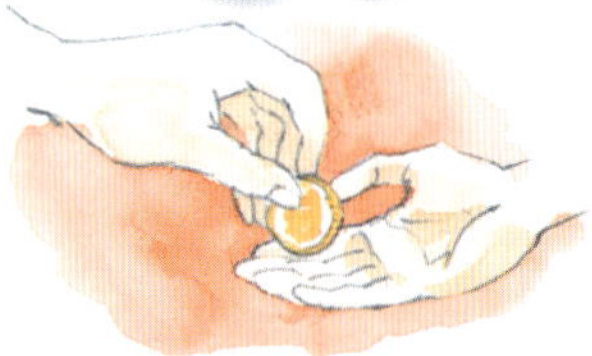

Geld lenen

Geld lenen in een droom kan een waarschuwing zijn u niet in te laten met wilde gokken. Bekijk een zaak eerst van alle kanten voor u tot een ingrijpende persoonlijke verandering besluit.

Betalen

Geld weggeven in een droom wordt meestal gezien als een goed teken met betrekking tot het werk. Bedenk wie er betaald werd, hoeveel deze persoon kreeg en waarom. De antwoorden kunnen iets zeggen over kwesties die op dit moment spelen op uw werk.

Sparen of investeren

Een droom over het sparen of investeren van geld kan gewoon een weerspiegeling zijn van uw financiële plannen voor de toekomst. Hij kan ook betekenen dat u de nodige stappen hebt genomen om u emotioneel voor te bereiden op bepaalde relaties.

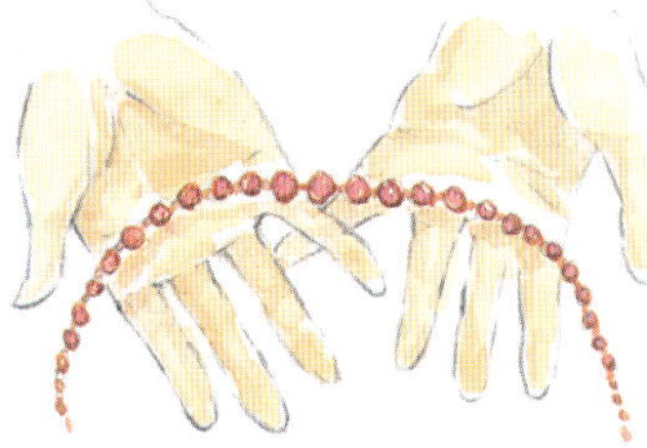

Positieve betekenis

Sieraden cadeau krijgen kan erop duiden dat de dromer zich in bepaald opzicht erkend voelt. Wie gaf het cadeau en waarom? Verwachtte u een cadeau of was het een verrassing?

Negatieve implicaties

Als u droomt dat u een zeldzaam juweel bekijkt, kan dat betekenen dat u het belang van een toekomstige vriendschap niet zult inzien. Accepteert u deze vriendschap niet, dan kan dat later moeilijkheden veroorzaken.

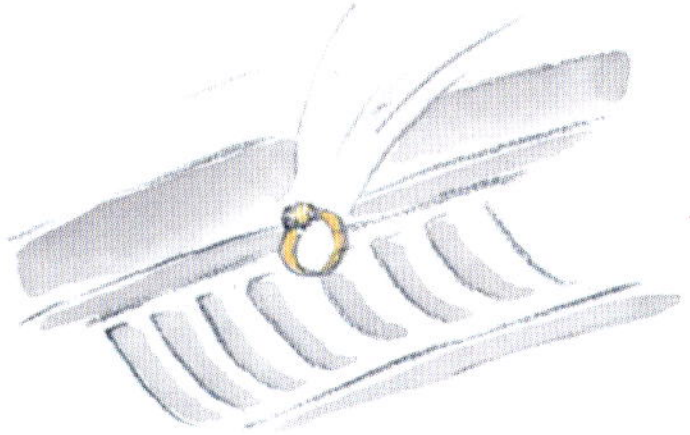

Emoties

Sieraden kwijtraken in een droom kan de angst voor verlies in uw dagelijks leven weerspiegelen. Misschien bent u bang een vriendschap of een waardevol persoonlijk eigendom te verliezen.

Sieraden

Dromen over sieraden hebben vaak te maken met het vervullen van wensen. Sieraden tooien de mens en worden bij speciale gelegenheden gedragen. Sieraden in een droom kunnen dan ook in verband staan met belangrijke gebeurtenissen in het leven van de dromer. Een droomgebeurtenis waarbij sieraden werden gedragen, kan zelfs direct gekoppeld zijn aan een werkelijk voorval. Soms bekijkt de dromer de sieraden in de droom vanaf een afstand en voelt bij jaloezie of hebzucht. Zulke dromen kunnen weergeven dat de dromer streeft naar sociale status of financieel welzijn. Ze kunnen ook aangeven dat de dromer op emotioneel of psychologisch gebied jaloers is op anderen.

Diamanten

Dromen over diamanten worden vaak gekoppeld aan persoonlijke relaties. De vele facetten van de edelsteen kunnen erop duiden dat een relatie of probleem vanuit meerdere invalshoeken moet worden bekeken of dat aandacht moet worden besteed aan de afzonderlijke aspecten van de relatie.

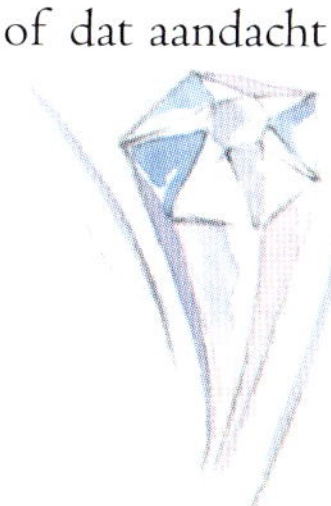

Parels

Een droom over parels om de hals van een vrouw wordt meestal gezien als een goed teken en kan een huwelijk of eventuele geboorte voorspellen. Parels in een droom kunnen ook te maken hebben met toekomstige transacties of aankopen.

Ringen

Dromen over ringen staan vaak in verband met de seksualiteit van de dromer. De ring in de droom kan uitdrukken dat uw seksuele aard op dit moment niet geheel tot uitdrukking komt en dat u meer aandacht moet besteden aan dit aspect van uzelf. Een ring in een droom kan ook symboliseren dat een relatie serieuzer gaat worden.

BEZEM

Dromen over bezems zijn een typische weerspiegeling van het verlangen van de dromer afstand te doen van het verleden of van ongewenste verplichtingen. Ook kunnen ze de dromer aansporen tot het opruimen van 'oude rommel' in zijn leven en een begin te maken met nieuwe projecten, relaties of carrièrekeuzen.

POSITIEVE BETEKENIS

Nieuwe bezems in dromen voorspellen geluk. Ze kunnen aangeven dat er goede tijden op komst zijn en dat er kansen voor het grijpen liggen.

NEGATIEVE IMPLICATIES

Een kapotte bezem in een droom kan onzekerheid of wantrouwen jegens een kennis weerspiegelen.

EMOTIES

Welke plek werd geveegd? Welke associaties hebt u bij die plek? Werd het vegen afgemaakt of was het nog niet klaar?

Achtervolgen met bezem

Als u in uw droom iemand met een bezem achtervolgt, staat er waarschijnlijk een gunstige verandering voor de deur.

Bezem zonder borstel

Als de bezem in uw droom geen borstel had, kan dat betekenen dat u hard werkt om iets nieuws op te zetten.

Buitenbezem

Een bezem die buiten wordt bewaard of gebruikt, kan symboliseren dat u uw gedachten of handelingen moet richten op zaken die niet direct met u te maken hebben.

VUILNIS

Dromen over vuilnis kunnen aangeven dat de dromer probeert af te komen van ongewenste aspecten van zijn leven. Voor de interpretatie is het van belang te bedenken waaruit het vuilnis bestond en wat dat kan vertegenwoordigen.

POSITIEVE BETEKENIS

Een droom over het wegbrengen van vuilnis kan worden gezien als een poging uw leven te reinigen van storende elementen zodat u zich op de positieve elementen kunt richten.

NEGATIEVE IMPLICATIES

Als u droomt dat anderen uw vuilnis wegbrengen, kan het zijn dat u zich zorgen maakt over personen die uw lasten op hun schouders hebben genomen.

EMOTIES

Werd het vuilnis vlakbij gedumpt of ver weg gebracht? Hoe voelde u zich toen u het kwijt was?

Bedolven onder vuilnis

Een droom waarin u bedolven wordt onder vuilnis kan duiden op het gevoel overbelast te zijn in uw dagelijks leven. Hoe kwam u vrij? Hielp iemand u of lukte het u alleen?

Iets vinden in vuilnis

Een waardevol voorwerp in het vuilnis vinden, kan een onverwacht goed nieuwtje voorspellen.

Waardevol afval

Als waardevolle spullen per ongeluk bij het vuil worden gezet, wie is daar dan verantwoordelijk voor? Probeert iemand in uw naaste omgeving een gebeurtenis of project in de war te schoppen?

SCHAAR

Dromen over scharen houden verband met het wegknippen van aspecten uit het emotionele, persoonlijke of actieve leven van de dromer. Wat werd er precies weggeknipt, hoe nauwkeurig werd dat gedaan en wie was er aan het knippen?

Positieve betekenis
Een ongebruikte schaar kan een romantische relatie voorspellen. Als u al een partner hebt, kan de droom weerspiegelen dat u de relatie een permanent karakter wilt geven.

Negatieve implicaties
Een schaar in een droom kan u ervoor waarschuwen uw aandacht over twee projecten te verdelen, zodat u niet op beide gebieden faalt.

Emoties
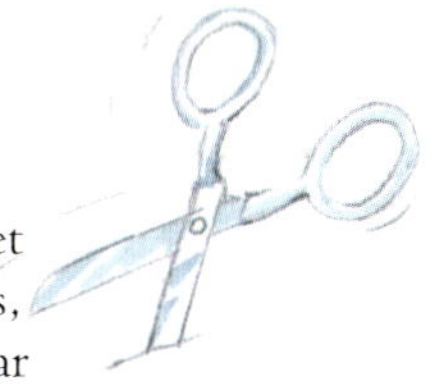

Als u aan het knippen was, kan de schaar staan voor een verlengstuk van uw persoonlijkheid. Knipte u vastberaden en doeltreffend of had u er moeite mee de stukken los te knippen?

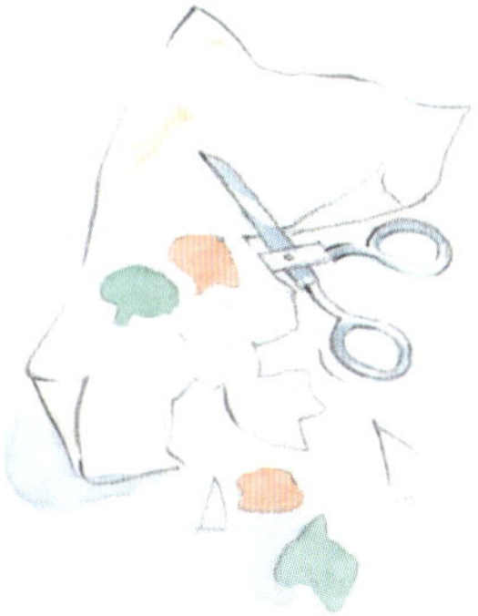

Meerdere scharen
Een droom over meerdere scharen kan een gevoel van onbeantwoorde liefde vertegenwoordigen. Misschien moet u de banden met de desbetreffende persoon 'doorknippen'.

Knippende schaar
Een droom waarin u knipt, kan erop wijzen dat u een rivaal op professioneel of persoonlijk vlak te slim af zult zijn.

Besluiteloosheid
Dromen over scharen kunnen soms staan voor besluiteloosheid. Zulke dromen kunnen u vertellen dat het belangrijk is een beslissing te nemen die u voor zich uit hebt geschoven.

ENVELOP

De betekenis van dromen over enveloppen is afhankelijk van de context waarin de envelop voorkomt en hoe de dromer daar in emotioneel opzicht op reageerde. Behalve dat symboliseert een envelop vaak een bericht dat de dromer naar buiten wil brengen of dat hij verwacht. Voor de interpretatie van de droom is het belangrijk wat er in de envelop zat en of die open of dicht was.

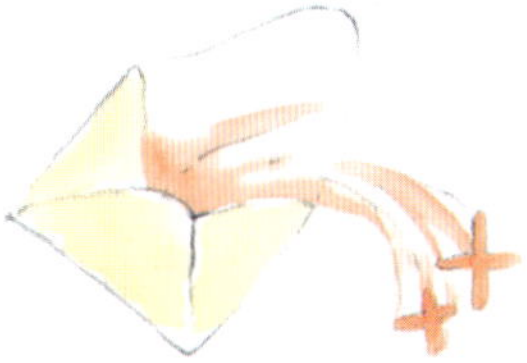

Positieve betekenis
Dromen over open enveloppen kunnen het begin van gemakkelijk te overwinnen problemen aanduiden.

Negatieve implicaties
Een zorgvuldig gesloten envelop kan duiden op lastige emotionele of praktische obstakels. Bevatte de droom informatie over hoe deze hindernissen genomen kunnen worden?

Emoties
Een envelop die maar niet open wil gaan in een droom, kan frustratie symboliseren over het niet vinden van een oplossing voor een probleem.

Veel enveloppen
Een droom over veel enveloppen kan aangeven dat u nieuws verwacht of dat er nieuwe projecten aankomen. Hoe voelde u zich nadat u de enveloppen geopend had? Zaten er berichten voor u in?

Dicht pakje enveloppen
Dit kan betekenen dat u verwacht dat uw leven een andere wending zal nemen. Bovendien kan zo'n droom duiden op onzekerheid over hoe deze veranderingen op gang kunnen worden gebracht.

Propvolle envelop
Als de envelop in uw droom propvol zat, kan dat betekenen dat u zich overstelpt voelt door kwesties op uw werk of door een relatie.

Positieve betekenis

Een droom over voedsel kan worden beschouwd als een goed teken, vooral als u na het eten voldaan was. Een hartige maaltijd of een heerlijk tussendoortje waar u van genoot kan betekenen dat u intens tevreden bent met uw leven. Hij kan ook aangeven dat u de idee hebt dat er goede tijden aankomen of dat nu een basis wordt gelegd waar u later profijt van zult hebben.

Negatieve implicaties

Gulzig eten of drinken kan wijzen op de 'hongerige' kant van uw karakter en onbeantwoorde behoeften. Het kan ook een compensatie zijn voor het gevoel geen steun of liefde te krijgen. Zulke dromen de angst weerspiegelen dat de goede huidige omstandigheden niet lang zullen standhouden en dat er dus van moet worden genoten zolang het duurt.

ETEN EN DRINKEN

Het eten en drinken speelt een belangrijke rol in ons dagelijks leven. Het is dan ook geen verrassing dat het veel voorkomt in onze dromen. Voedsel en dranken staan vaak voor affectie, ergens zin in hebben of de wens het beste van het leven te maken. Sommige analytici denken dat bijten of kauwen in een droom te maken heeft met sensuele genoegens. Dromen over te veel eten kunnen wijzen op een emotionele of praktische overbelasting. Karige hoeveelheden voedsel of drank kunnen daarentegen symboliseren dat de dromer het gevoel heeft tekort te komen en behoefte heeft aan een bepaald soort voeding. Wat werd er gegeten en gedronken in de droom, en was het bekend of onbekend?

Vet voedsel

Dromen over vet voedsel, zoals worstjes en chocolade, worden wel gezien als teken van buitensporigheid. Hoe voelde u zich terwijl u aan het eten was: schuldig over de hoeveelheid (calorieën) of vond u dat u het recht had ervan te genieten?

Wijn

Wijn wordt traditioneel geassocieerd met plezier en rituelen, bijvoorbeeld bij bruiloften en geboorten. Als de wijn in gezelschap werd gedronken, bent u misschien een blije gebeurtenis aan het voorbereiden, ook al is de gelegenheid misschien nog niet officieel bekend.

Ontbijtwaren

Zoals het ontbijt de eerste maaltijd van de dag is, kan een ontbijt in een droom –of producten zoals ontbijtgranen of geroosterd brood– slaan op het begin van een nieuw project of een nieuwe fase in uw leven. Genoot u rustig van het ontbijt of was u gehaast?

Emoties

De kwaliteit van het eten en drinken in uw droom en uw gevoelens erover zijn belangrijk voor de interpretatie. Als u bijvoorbeeld droomt dat u kliekjes eet, kan dat betekenen dat u op het absolute minimum leeft. Denk na over de kwaliteit en hoeveelheid van de ingrediënten van het leven waaraan u behoefte hebt. Hoe kunt u daaraan komen?

Eten dat u als kind graag at, kan het verlangen vertegenwoordigen terug te keren naar eenvoudiger tijden. De context waarin u eet of drinkt, kan een aspect van het leven aangeven dat behoefte heeft aan aandacht of een bepaald soort 'voeding'.

Eieren

Een droom over eieren kan te maken hebben met de levenscyclus. Eieren symboliseren vruchtbaarheid en groei. Eieren in een droom kunnen dus staan voor de ontwikkeling van nieuwe ondernemingen of nieuwe kanten van uzelf – bewust of onderbewust. Als de eierschaal kapot is, zal er wellicht een situatie of emotie moeten 'doorbreken' naar uw bewustzijn, zodat u ermee kunt leren omgaan.

Melkproducten

Dromen over melkproducten kunnen een intens verlangen naar zaken uit het verleden weergeven. Melk symboliseert de band tussen moeder en kind, en kan in een droom aangeven dat u behoefte hebt aan emotionele voeding van een dierbare.

Restaurant

De sfeer in het restaurant in uw droom kan uw emotionele toestand weerspiegelen. Een heilzame of elegante omgeving duidt op tevredenheid over het leven, maar een duistere eetgelegenheid met slechte bediening en middelmatig voedsel kan betekenen dat u inspiratie of een bepaalde soort persoonlijke bevrediging nodig hebt die nu ontbreekt in uw leven.

Positieve betekenis

Dromen over lepels kunnen geluk in de huiselijke of familiesfeer weerspiegelen. Lepels die voedsel opscheppen, staan voor voeding en kunnen betekenen dat het leven goed is en dat u volop geniet.

Negatieve implicaties

Volgens sommigen is het een slecht teken om te dromen over een mes: huidige pleziertjes kunnen snel worden 'afgekapt'. Dromen over het weggeven van een mes kan duiden op een voortijdig afgebroken project. Zo'n droom moet u als waarschuwing opvatten. Hoe kunt u de problemen in het dagelijks leven omzeilen?

Emoties

Denk na over de context waarin het bestek in de droom voorkwam. Wie gebruikte het? Als u moeite had met het gebruik ervan –er vielen bijvoorbeeld erwten van uw vork of uw mes kon niet snijden– voelt u zich misschien gefrustreerd en hebt u moeite om de benodigde (emotionele) voeding te krijgen.

BESTEK

Veel mensen denken dat dromen over bestek gaan over de mannelijke en vrouwelijke aspecten van de dromer. Dromen over mes en vork duiden ook op een evenwichtig bestaan. Elke associatie die het bestek in de droom heeft met het dagelijks leven van de dromer kan belangrijk zijn. Ging de droom bijvoorbeeld over ouderwets bestek, dan kan dat te maken hebben met de grootouders of jeugdherinneringen. Als het bestek modern en onbekend was, wil de dromer misschien beginnen aan nieuwe projecten of een nieuwe levensfase. Bestek in combinatie met eten kan duiden op voeding en kan dus staan voor een gezonde emotionele of persoonlijke groei.

Glimmende lepel

Een droom over een glimmende lepel kan symboliseren dat alles thuis op rolletjes loopt. Een stel nieuwe lepels kan eensgezindheid in de familie weerspiegelen.

Vork

Een vork die gebruikt wordt om smaakvolle groenten te mengen kan een druk en plezierig sociaal leven in de nabije toekomst voorspellen.

Mes

Een kapot of verroest mes in uw droom kan staan voor uw angsten met betrekking tot een ruzie in de familie of problemen in uw liefdesleven. Bekommerde niemand zich om de staat van het mes of liet iemand het repareren?

Positieve betekenis

Een verpakking waar de inhoud gemakkelijk in past, kan erop wijzen dat problemen snel opgelost zullen worden. Had u de verpakking in de droom zelf gevuld? Zo ja, dan bent u misschien al aan het bedenken hoe u met eventuele problemen om zult gaan.

Negatieve implicaties

Als de verpakking in uw droom vol zat met persoonlijke bezittingen moet u misschien afscheid nemen van het oude. Wat betekenen de voorwerpen voor u? Als ze belangrijk zijn, hebt u misschien hulp nodig bij de 'grote schoonmaak'.

Emoties

De interpretatie van dromen over pakjes is afhankelijk van de vorm en het uiterlijk van de verpakking en hoe ermee om werd gegaan. Waren de pakjes zorgvuldig ingepakt? Als ze beschadigd waren of lekten, moet u wellicht voorzichtiger zijn in uw dagelijks leven.

VERPAKKINGEN

Verpakkingen in dromen, zoals dozen of tassen, worden meestal geïnterpreteerd als weerspiegelingen van verschillende delen van de psyche van de dromer. Zulke dromen kunnen te maken hebben met gevoelens van zekerheid, veiligheid en beheersing. Een droom over een zwaar pak kan aangeven dat de dromer de last op zijn schouders moet verlichten. De inhoud van de verpakking in de droom (als die er is) kan van belang zijn bij de interpretatie. Een lege verpakking kan betekenen dat het leven van de dromer te leeg is en gevuld moet worden met een emotionele inhoud of een nieuwe uitdaging. Als de verpakking vol zat met de bezittingen van iemand anders, kan dat duiden op afgunst en de wens te leven zoals een ander leeft.

Lege doos

Een lege doos in uw droom kan duidelijk maken dat u iets mist in uw leven. Maakte u de doos open en zag u toen dat hij leeg was? Verbaasde dat u? Uw reactie kan iets zeggen over hoe tevreden u op dit moment bent op emotioneel gebied.

Portefeuille

Een portefeuille heeft verschillende vakjes voor zeer persoonlijke bezittingen. Een droom hierover kan dan ook gaan over zeer intieme aspecten van uw emotionele wereld. Was de portefeuille in uw droom vol of leeg? Was u bang hem kwijt te raken?

Potje

Potjes kunnen sociale bijeenkomsten of de wens uw vriendenkring uit te breiden symboliseren. Overvolle potjes kunnen betekenen dat u zich overspoeld voelt door emotionele of persoonlijke kwesties.

Dromen in het ROZE

Roze wordt meestal geassocieerd met liefde, vooral onvoorwaardelijke liefde. Sommigen zien roze ook in verband met de geneeskrachten van de ziel of het chakra van het hart (het centrum van de psyche of de spirituele energie). De volgende voorwerpen komen in dromen vaak voor in combinatie met de kleur roze; ze kunnen als volgt worden geïnterpreteerd:

RAAM
Een roze raam kan staan voor een persoonlijke kans die nog niet duidelijk is geworden.

KLEED/MAT
Dromen over een roze kleed of mat kunnen betekenen dat u overweegt een nieuwe relatie of vriendschap aan te gaan en dat u nadenkt over de implicaties hiervan.

KAST
Een roze kast kan erop duiden dat u op dit moment liefde 'opslaat' voor een bijzonder iemand en dat u wacht op het juiste moment om uw gevoelens te tonen.

KLEDING
Roze kleding kan de wens weerspiegelen 'bekleed' te worden met de mantel der liefde van iemand dichtbij. Misschien wilt u graag aandacht of medeleven.

STOEL
Een roze stoel kan staan voor emotionele evenwichtigheid, vooral als de stoel niet bewogen wordt.

Andere droomsymbolen die vaak voorkomen in verband met roze:

Bloemen
Roze bloemen zijn meestal een symbool van aangename sociale activiteiten in de toekomst.

Standbeeld
Een roze standbeeld kan duiden op een succesvol zakelijk project.

Trap
Een roze trap kan suggereren dat u door hard werken een taak zult volbrengen.

Poster
Een roze poster kan wijzen op een toekomstige transactie met gunstige gevolgen.

Figuur/gezicht
Een roze figuur of gezicht kan betekenen dat u diepgewortelde emoties toont aan iemand in uw dagelijks leven.

Hart
Een roze hart kan wijzen op een knagend gevoel van liefde voor iemand op afstand.

REIZEN

Reizen in dromen hebben niet per se met een reis in werkelijkheid te maken; meestal gaat het om de dromers 'reis' door het leven. Reizen in een droom kan ook worden geïnterpreteerd als de wens te ontsnappen. Het begin van een reis duidt op avontuur, een tegenwicht voor de dagelijkse beslommeringen.

Positieve betekenis
Dromen over boten voorspellen optimisme en een prettige reis in de toekomst, feitelijk of emotioneel. Ze duiden op moeiteloze vooruitgang en succes.

Negatieve implicaties
Een boottocht op ruw water kan betekenen dat u een onrustige emotionele periode doormaakt. Waren er rustiger wateren in zicht?

Emoties
De betrouwbaarheid van een schip dat passagiers over een wilde zee vervoert, kan uw thuissituatie of een periode van emotioneel welzijn symboliseren.

BOOT

Dromen over boten zijn betekenisvol. Veel analytici zien een boot als het symbool van optimisme en een teken van veelbelovende ontwikkelingen. Boten worden wel gezien als weerspiegeling van een tijd vol overgangen of veranderingen. De staat waarin de boot verkeerde, kan de toestand van het emotionele leven van de dromer vertegenwoordigen. Zo'n droom kan wijzen op de relatie van de dromer met zijn familie of een gekoesterde liefde.

Het is ook belangrijk onder welke omstandigheden de boot moest varen; een rustige zee heeft een andere betekenis dan wild water. Het tempo en de bestemming van de boot kan aangeven met welke snelheid de dromer naar zijn ambities toewerkt.

Helder water/over een boot lopen
Als u droomt dat u vaart op een rivier, meer of vijver met helder water, hebt u waarschijnlijk succes in uw leven. Op een boot lopen kan wijzen op evenwicht en tevredenheid.

Op drift
Een boot op drift wijst op een diepgewortelde angst 'af te drijven' in uw persoonlijk leven, maar ook op gebrek aan organisatie op zakelijk gebied.

Kapseizen
Een droom over een boot die dreigt te kapseizen kan gevaar voorspellen en u erop wijzen maatregelen te nemen.

Positieve betekenis

Het dragen van bagage in een droom kan een lange reis of expeditie voorspellen. Het kan gaan om een fysieke reis, een verandering in relationeel opzicht of een nieuwe uitdaging op het werk. Dromen over bagage kunnen ook staan voor enthousiasme, bijvoorbeeld na bekendwording van een nieuwe mogelijkheid.

Negatieve implicaties

Verloren bagage duidt op zorgen over uit de hand gelopen zaken. Zware of onhandelbare bagage kan staan voor een last die u op dit moment meetorst. Een droom waarin u voortdurend zware bagage moet dragen, wijst erop dat het moeilijk is van een bepaalde last af te komen.

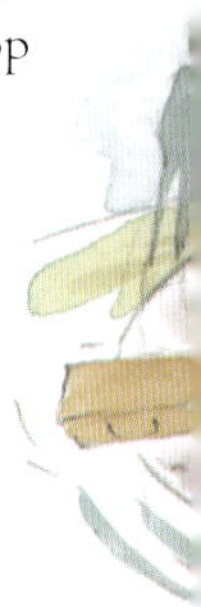

Bagage

Bagage kan een veelbetekenend droomsymbool zijn. Voor velen heeft bagage te maken met de last van emotionele spanningen en de behoefte deze van zich af te schudden. In een droom kan bagage ook onverwerkte persoonlijke kwesties weerspiegelen waar de dromer zich bewust of onbewust mee bezighoudt. Zo kan bagage verbonden worden met een diepgaande ontdekkingsreis naar de ware ik van de dromer.

De bagage die in de droom gedragen wordt, kan ook emotionele banden symboliseren. Het gewicht van de bagage kan aangeven wat de dromer nu echt vindt van familieleden en vriendschappen.

In- en uitpakken

Dromen over het inpakken van dingen kan betekenen dat u hoopt de goede dingen in het leven te kunnen vasthouden. Een tas uitpakken duidt op positieve vorderingen met betrekking tot een problematische relatie of een onbevredigende baan.

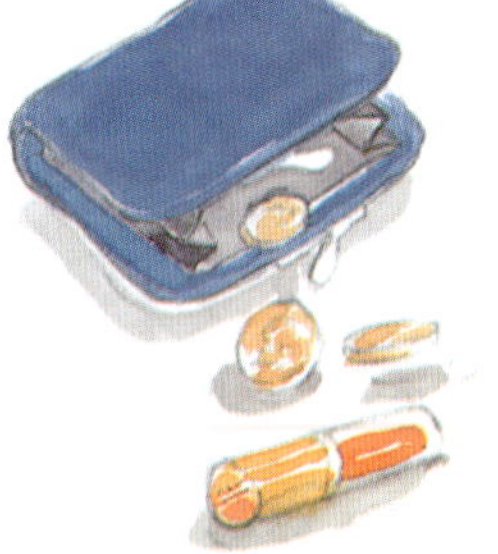

Portemonnee

Als een vrouw droomt dat ze haar portemonnee of de inhoud daarvan verliest, symboliseert dat verlies van persoonlijke bezittingen of delen van haar identiteit.

Grote koffer

Een grote koffer in een droom kan een weerspiegeling zijn van een lange en diepgaande reis van zelfontdekking. Misschien bent u bang voor de inhoud van de koffer, maar wilt u hem toch openmaken. Symboliseert de inhoud van de opengemaakte koffer zorgen in uw dagelijks leven?

Emoties

Bagage symboliseert soms elementen van uw leven waar u afstand van moet nemen. Sommige analytici menen dat een droom over bagage een boodschap van uw onbewuste is om uw spullen te pakken en verder te gaan. Was de bagage in uw droom lichter dan u verwachtte?

Hoe werd de bagage vervoerd? Werd ze vastgehouden of vervoerd met een karretje? Waaruit bestond de bagage? Wat betekent de inhoud van de bagage voor de dromer? Sommige analytici menen dat het voorkomen van bagage gewoon betekent dat de dromer aan vakantie toe is.

Omvang van de bagage

Een groot stuk bagage kan staan voor een grote verplichting of een aantal verplichtingen. Wist u wat de inhoud was van de bagage in uw droom? Zo ja, zou deze inhoud anders worden ingepakt in een aantal kleinere en handelbaardere tassen?

Bagage te koop

Bagage in een winkeletalage kan betekenen dat u van baan wilt veranderen. Als u de bagage ook kocht in de droom, denkt u er misschien over na binnenkort een positieve stap te nemen in uw carrière. Als u verlangend naar de bagage keek, maar die niet kocht, wilt u misschien iets doen maar voelt u zich belemmerd.

Veiligheid

Sommige analytici beschouwen bagage als een symbool van het instinct voor zelfbehoud of veiligheid. De bagage in uw droom kan de baarmoeder symboliseren en aangeven dat u terug wilt keren naar een toestand waarin u beschermd werd tegen de complicaties van de wereld om u heen.

Positieve betekenis

Rechte wegen weerspiegelen een soepele en gestage vooruitgang in het leven en het vooruitzicht op probleemloze reizen.

Negatieve implicaties

Bochtige wegen duiden op problemen en een reeks gevaarlijke hindernissen die u voor het einde van de reis zult moeten nemen.

Emoties

Wegen in dromen worden meestal gekoppeld aan de richting waarin uw leven zich volgens u ontwikkelt. Als u een duidelijke bestemming had, weet u waarschijnlijk goed wat u wilt. Bereikte u de bestemming niet, bedenk dan wat u ervan weerhoudt uw doelen te bereiken.

SNELWEGEN EN WEGEN

Wegen in dromen worden gezien als symbool voor de reis door het leven. De lengte van de weg en de staat van het wegdek kunnen staan voor de toestand waarin de emotionele reis van de dromer op dit moment verkeert. Een vlak wegdek kan duiden op innerlijke rust, een hobbelig wegdek op emotionele of spirituele onrust. Het is belangrijk te weten waar de weg in de droom heen leidde. Als er steeds terugkerende elementen waren langs de route, kan dat een bepaald patroon in het leven van de dromer vertegenwoordigen. Stonden er verkeersborden langs de weg, dan kan het zijn dat de dromer goed moet letten op instructies in het dagelijks leven.

Stad

Als u moet manoeuvreren door ingewikkelde straatjes in een stad, bent u vermoedelijk bezig met probleemoplossing.

Snelweg

Het rijden op de snelweg duidt op een reis op hoge snelheid. Wellicht zult u uw doelen snel bereiken.

Bergopwaarts

Bergopwaarts rijden wordt soms beschouwd als een weerspiegeling van een gevecht –geestelijk of fysiek– dat uw aandacht opeist.

POSITIEVE BETEKENIS
Als u uw reisvoertuig mist, wilt u een bezoek aan een onaantrekkelijke bestemming misschien vermijden.

NEGATIEVE IMPLICATIES
Een reisvoertuig missen kan ook duiden op onzekerheid over uw mogelijkheden.

EMOTIES
Uw droom over het missen van een reisvoertuig kan betrekking hebben op angsten over het missen van mogelijkheden op sociaal of professioneel vlak. Hoe kwam het dat u te laat was? Kon u het voertuig nog zien vertrekken of was het al lang weg? Het antwoord kan iets zeggen over hoe ver u van uw doelen verwijderd bent.

REISVOERTUIG MISSEN

Het missen van een reisvoertuig kan duiden op angst over het echt te laat te komen of een deadline niet te halen, maar hierover dromen kan ook een diepere betekenis hebben die te maken heeft met de sterke en zwakke punten in het gevoelsleven van de dromer. Als hij op de een of andere manier tegengehouden werd, vertegenwoordigt die vertragende factor misschien een persoon of object dat volgens de dromer de oorzaak is van een probleem in het dagelijks leven. Was de dromer zelf schuldig, dan kan dat zijn ergenis over een handeling of verzuim in het dagelijks leven weergeven.

Vertraging door pech
Als u droomt over een ongelukje waardoor vertraging optreedt, wilt u vermoedelijk iets in uw leven de schuld geven voor iets vervelends.

Nalatigheid
Als u door nalatigheid uw reisvoertuig miste, moet u waarschijnlijk beter organiseren. De droom kan ook een onbewust verlangen openbaren een bepaalde reis niet te willen maken.

Woede om vertraging
Als u zich kwaad maakt over een vertraging, bent u waarschijnlijk boos over een nalatigheid in uw leven.

Bus

Busreizen in dromen kunnen iets zeggen over voortgang van de reis door het leven van de dromer. Volgde de bus een vaste route of reed hij doelloos rond en had hij een onduidelijke bestemming? De rol van de dromer met betrekking tot de bus –als passagier of chauffeur– kan informatie bevatten over de controle over zijn eigen leven of over de levens van anderen.

Positieve betekenis

Dromen over busreizen kunnen betekenen dat u goed op weg bent uw doel te bereiken.

Negatieve implicaties

Lang wachten bij een bushalte symboliseert frustratie bij het streven naar uw ambities.

Emoties

Was het een hobbelige busrit? Zo ja, hoe voelde u zich daarbij?

Busongeluk

Deze droom kan duiden op angst voor financiële moeilijkheden.

Dubbeldekker

Als de bus in uw droom een dubbeldekker was, moet u de dingen waarschijnlijk vanuit verschillende standpunten bekijken.

Een bus besturen

Als u de bus bestuurt, voelt u zich misschien verantwoordelijk voor een groep mensen, bijvoorbeeld vrienden of collega's.

Passagier

Als de dromer een passagier is, kan de droom erop wijzen in hoeverre hij het gevoel heeft zijn leven onder controle te hebben. Het vervoeren van passagiers kan te maken hebben met partnerschap en samenwerking. Stoppen om een passagier op te pikken kan betekenen dat de dromer steeds meer openstaat voor nieuwe mogelijkheden.

Positieve betekenis

Dromen over passagiers kunnen in verband staan met het vrij zijn van verantwoordelijkheden terwijl iemand anders die last wel draagt.

Negatieve implicaties

Als u een passagier bent, hebt u misschien het gevoel geen controle te hebben. Passagiers vervoeren kan duiden op zorgen over personen die u tot last zijn.

Emoties

Een groep passagiers in uw droom kan aspecten van uw emotionele identiteit vertegenwoordigen.

Voertuig op wielen

Als een passagier reist in een voertuig op wielen wordt dat meestal beschouwd als teken van succes.

Raket of ballon

Reizen in een raket of ballon symboliseert de wens te ontsnappen aan de huidige omstandigheden.

In een menigte

Als u zich in een drukke groep passagiers bevindt, voelt u zich misschien ingesloten.

VLIEGTUIG

Een stijgend vliegtuig in een droom wordt altijd gekoppeld aan ontsnapping en vrijheid. De vlucht kan de lancering van een nieuw voorstel of een grote vooruitgang symboliseren. Het is belangrijk te weten hoe het vliegtuig vloog: hoog boven de wolken of laag boven de grond.

Positieve betekenis
Het besturen van een vliegtuig in een droom kan onverwacht of buitengewoon succes in uw leven voorspellen, misschien in verband met uw werk.

Negatieve implicaties
Vliegtuigen die bommen werpen, kunnen slecht nieuws voorspellen. Een aantal bommenwerpers geeft aan dat er problemen op komst zijn.

Emoties
Een vliegtuig heeft dezelfde symboliek als een vogel: vrijheid en bevrijding.

Opstijgen
Opstijgen in uw droom kan verwijzen naar het begin van een nieuw project.

Landen
Landen kan betekenen dat u de afronding van een professionele of persoonlijke kwestie nadert.

Cirkelen
Cirkelen in de lucht kan betekenen dat u het gevoel hebt niets te bereiken. Als u een negatieve spiraalbeweging maakt, bedenk dan hoe u die kunt doorbreken.

TREIN

Dromen over treinen kunnen afhankelijk van de voortgang ervan zekerheid, opgetogenheid en uitstel symboliseren. De positie van de dromer in verband met de trein –als passagier, toeschouwer of wachtende reiziger– is belangrijk voor de interpretatie. Sommige analytici verbinden het beeld van een trein die een tunnel inrijdt met diepgewortelde seksuele gevoelens.

Positieve betekenis
Dromen over rijdende treinen kunnen aangeven dat u zich zeker voelt over zaken in uw leven op dit moment.

Negatieve implicaties
Een stilstaande trein kan tegenslag bij uw plannen voorspellen.

Emoties
Sommige analytici zien in een trein een symbool van het mannelijk geslachtsorgaan. Een trein die een tunnel inrijdt, zou staan voor geslachtsgemeenschap. Hoe voelde u zich toen de trein een tunnel naderde?

Wachten op een trein
Wachten op een trein in een droom kan betekenen dat u succes verwacht in de toekomst.

Noodstop
Als de trein in uw droom een noodstop maakt, wees dan verdacht op te overhaast handelen bij nieuwe projecten.

Overweg
Een gesloten overweg kan betekenen dat u geduld moet hebben.

Positieve betekenis

Een droom over een autoreis kan betekenen dat u kans maakt op een riant inkomen en dat u wat werk betreft zelf de touwtjes in handen kunt nemen.

Negatieve implicaties

Botsende auto's symboliseren conflicten, verwarring en gebrek aan controle. Wat gebeurde er bij het ongeluk? Wie waren er betrokken bij de botsing? Kon u het slachtoffer helpen?

auto ⊕

Veel mensen dromen over auto's, over hun eigen auto, die van vrienden of een onbekend voertuig. Voor sommigen vertegenwoordigt de auto in hun droom de eigen identiteit. Als de dromer achter het stuur zat, kan het zijn dat hij het gevoel heeft het leven onder controle te hebben en op de juiste weg te zijn. Was hij een passagier, dan wil hij waarschijnlijk meer macht of minder afhankelijk van anderen zijn.

De soepelheid waarmee de rit verloopt, symboliseert de onderliggende emoties van de dromer, en de snelheid voor het tempo waarin de dromer zijn doelen in het leven aan het verwezenlijken is.

Vrouwendroom

Als vrouwen over een auto dromen, staat dat vaak voor ambitieuze gevoelens en het verlangen de mannen in hun leven 'in te halen'.

Mannendroom

De meeste analytici koppelen dromen van mannen over auto's aan kracht, mannelijkheid en seksualiteit.

Lege weg

Rijden over een lege weg kan vrijheid en de levenslange zoektocht naar bevrijding weerspiegelen.

Emoties

Dromen over auto's worden vaak geassocieerd met wat de dromer in het leven voortdrijft. Zat u als passagier voor- of achterin? Wat vond u van uw plaats in de auto? Wat was de uiteindelijke bestemming? Hoe voelde u zich toen u daar aankwam?

Soms is de auto een symbool van het mannelijk geslachtsorgaan of van seksuele vermogens in het algemeen.

Te hard rijden

Een droom over een auto die de snelheidslimiet overschrijdt, kan duiden op uw hoop te zullen slagen in het leven door op details te letten.

Passagier achterin

Een passagier achter in de auto, die erop aandringt dat u een bepaalde weg volgt, kan betekenen dat iemand u in het dagelijks leven in een bepaalde richting probeert te sturen, terwijl u dat niet wilt. Als u in uw droom naar de passagier luistert, bedenk dan wie of wat u in uw dagelijks leven manipuleert.

Auto-onderdelen

Auto-onderdelen kunnen te maken hebben met verschillende aspecten van uw persoonlijkheid. Koplampen kunnen wijzen op de richting waarin uw leven zich ontwikkelt; de brandstofmeter kan betrekking hebben op uw energie; het besturen van een auto kan gekoppeld worden aan zelfvertrouwen, onafhankelijkheid en zelfbeheersing.

Dromen in het ORANJE

Oranje wordt meestal gezien als symbool van adel en vrijgevigheid, maar kan ook staan voor glans, optimisme en rust. Oranje dromen kunnen dus duiden op een positieve verandering. Volgens sommigen heeft de kleur oranje ook te maken met wantrouwen en twijfels. In dat opzicht zou een droom in het oranje ontevredenheid of onzekerheid weerspiegelen. De volgende droomsymbolen op het gebied van reizen komen vaak voor in combinatie met oranje; ze kunnen als volgt geïnterpreteerd worden:

HARDLOOPSCHOENEN

Oranje hardloopschoenen kunnen staan voor positieve ontwikkelingen. Ook kunnen ze erop wijzen dat een project bijna af is.

PASPOORT

Een oranje paspoort kan een teken zijn om een bepaalde activiteit voort te zetten; de kleur duidt op een succesvolle afloop.

KAART

Een oranje kaart of atlas kan duiden op het verlangen op reis te gaan of onbekend gebied te betreden, geestelijk of in werkelijkheid.

AARDE

Een oranje aarde wijst op een positieve reis, mogelijk in verband met werk of collega's.

Andere droomsymbolen die vaak voorkomen met oranje:

Oranjebloesem

Dromen over oranjebloesem kunnen het gevolg zijn van verontrustend nieuws.

Zure sinaasappel

Ondanks de onaangename smaak kan een zure sinaasappel een teken van geluk zijn.

Lift

Misschien gaat uw emotionele toestand na een periode van depressie weer vooruit.

Hoed

Een oranje hoed kan creativiteit of nieuwe ideeën weerspiegelen.

Arm/vuist

Een oranje arm of vuist kan duiden op vijandige gevoelens.

Bloem

Oranje bloemen kunnen vitaliteit en tevredenheid over uw leven vertegenwoordigen.

Vulkaan

Een oranje vulkaan kan een zeer creatieve periode voorspellen.

In het oranje

Als u er in de droom zelf oranje uitziet, kan dat duiden op zelfbescherming of eigenliefde.

Verkeersbord

Een oranje verkeersbord kan betekenen dat de verwachte verandering in uw huidige situatie op zich laat wachten.

Het uiterste uit uw dromen halen

Dromen kunnen op een aantal manieren gemakkelijker geïnterpreteerd worden. Ook bestaan er methoden om dromen op te wekken. Door een droomdagboek bij te houden onthoudt u uw dromen en ontdekt u terugkerende thema's. Sommige indianenstammen gebruiken een spiritueel hulpmiddel, de droomvanger, tegen nare dromen. De droomvanger wordt ook in sommige delen van Azië gebruikt. Verschillende oliën, kruiden en methoden kunnen u helpen bij het ontspannen en de voorbereiding op het dromen. Er bestaan tevens speciale technieken om de inhoud van dromen te beïnvloeden.

EEN DROOMDAGBOEK BIJHOUDEN

Hoewel we ons onze dromen niet altijd kunnen herinneren, kunnen de gevoelens die de droom teweegbracht vaak nog lang blijven hangen. Het opschrijven kan helpen bij het onthouden van onze dromen, zodat we sluimerende emoties kunnen benoemen.

Opschrijven

De meeste analytici vinden het een goed idee dromen te noteren in een droomdagboek. Hierdoor herinnert u zich de details van de droom beter. Daarnaast kunnen de dromen met behulp van het dagboek worden onderzocht op eventuele patronen en thema's. De psychologische en praktische stap om de dromen te gaan bijhouden is de eerste stap op weg naar de interpretatie ervan.

Voorlopige aantekeningen

De vorm van het dagboek is niet aan regels gebonden: kies een methode die u het gemakkelijkst te hanteren vindt. De meeste mensen bewaren een notitieblok en een zaklamp bij hun bed, maar u kunt ook een bandje inspreken. Probeer uw droom vast te leggen voordat u opstaat, want door uw activiteiten kan de droom verdwijnen.

De voorlopige aantekeningen moeten vrij kort zijn, een samenvatting is in dit stadium genoeg.

Wel is het belangrijk zelf ogenschijnlijk onbelangrijke details te noteren; ze kunnen helpen bij het vaststellen van de betekenis.

Volledig verslag

Schrijf zo snel mogelijk nadat u de voorlopige aantekeningen hebt gemaakt een volledig verslag. Een groot dagboek of schrift is hiervoor ideaal. U moet genoeg ruimte hebben om de details van de droom op de linkerbladzijde –de herinneringbladzijde– op te schrijven. Zet op de rechterbladzijde –de interpretatiebladzijde– uw gedachten en associaties. Sommige analytici raden aan schetsen en tekeningen toe te voegen, zodat u zich beelden of voorvallen in de droom beter kunt herinneren.

Herinneringbladzijde

Voor de betekenis is het altijd belangrijk de datum van uw droom te noteren. De droom kan zich bijvoorbeeld voordoen op een belangrijke gedenkdag of vlak voor een deadline. Gedateerde bladzijden kunnen de droom ook in een context plaatsen in de chronologie van een reeks dromen. Omschrijf de droom in dezelfde volgorde als waarin hij zich voordeed. Probeer ruimte vrij te houden tussen verschillende scènes.

Interpretatiebladzijde

Gebruik op de interpretatiebladzijde kopjes, bijvoorbeeld Positieve betekenis, Negatieve implicaties en Emoties. Van belang is ook of er kleuren voorkwamen en, zo ja, of die in verband stonden met bepaalde voorwerpen of personen. U kunt uw aantekeningen baseren op het Overzicht van droomsymbolen (blz. 18-131). Gebruik thema's uit dit overzicht (Leven en dood, Natuurkrachten, etc.) als basis voor uw analyse en voeg naar eigen inzicht nieuwe toe. Let goed op gebeurtenissen van de voorgaande dag die de droom misschien hebben beïnvloed. Het kan ook nuttig zijn uw gedachten op te schrijven toen u in slaap viel.

Terugkerende thema's

Lees af en toe stukken uit uw dagboek terug; misschien ontdekt u terugkerende thema's in uw dromen. Het kan nuttig zijn om de zoveel tijd een bladzijde in te voegen met een algemene analyse, waarin de thema's in recente dromen worden samengevat.

DE VOORBEREIDING OP DROMEN

Als u wilt dromen om ze te analyseren, moet u goed slapen. Dromen kunnen nadelig beïnvloed worden door zorgen in het dagelijks leven. De onderstaande voorbereidingen zijn ontwikkeld op basis van wetenschappelijk onderzoek en persoonlijke ervaringen.

Slaaproutine

Als u 's nachts goed wilt slapen, moet u overdag niet slapen. Probeer wakker te blijven, hoe moe u ook bent. Zo zijn uw lichaam en geest zich volledig bewust van het verschil tussen waken en slapen. Om structureel goed te slapen kunt u het beste elke avond rond dezelfde tijd naar bed gaan. Probeer overdag voldoende lichaamsbeweging te krijgen, uitgebalanceerde maaltijden te nemen en niet te veel coffeïnedranken te drinken. Gebruik de laatste uren voor u naar bed gaat geen alcohol of tabak: deze middelen kunnen uw slaappatroon verstoren.

Waar u slaapt

We brengen ongeveer een derde van ons leven slapend door. De slaapplek moet hier dan ook geschikt voor zijn. De ruimte moet rustig en opgeruimd zijn, en bij voorkeur geen televisie of telefoon bevatten. Er moet voldoende frisse lucht zijn en het moet niet te warm of te koud zijn. De ideale temperatuur is 18 °C. Als de ruimte te droog is, kunt u de vochtigheidsgraad verhogen door kommen met water te plaatsen of vochtige handdoeken over de radiator te hangen. U kunt natuurlijk ook een luchtbevochtiger aanschaffen.

Het belangrijkste element in uw slaapkamer is natuurlijk uw bed. Koop het beste matras dat u zich kunt veroorloven. Het moet stevig genoeg zijn om uw rug te ondersteunen zonder door te zakken, want tijdens de remslaap ontspannen de spieren zich en moeten de gewrichtsbanden de druk opvangen.

Ter voorbereiding op het slapen is verlichting erg belangrijk. Hoe feller het licht, hoe moeilijker uw lichaam zich kan ontspannen. Maak zo veel mogelijk gebruik van dimschakelaars, lampen van een laag voltage en pastelkleurige lampenkappen. Uw gordijnen moeten dik genoeg zijn om straatverlichting en zonlicht te weren.

Kussens moeten zacht en comfortabel zijn, maar stevig genoeg om uw nek te ondersteunen. Als vulling kunnen zowel synthetische materialen als veren worden gebruikt; mensen met een allergie kunnen beter niet voor veren kiezen. Het kussen moet uw hoofd ondersteunen, maar niet optillen.

Kalmerende geuren

Om het uiterste uit uw dromen te halen is een rustige voorbereiding op het slapen van belang. Soms kunt u zich prettig gaan voelen door de associaties bij een bepaalde geur; geurkaarsen zijn hiervoor goed geschikt. U kunt ontspannende aromatherapieoliën zoals lavendel, cipres, rozen, marjolein en kamille gebruiken als badolie, in een brander of als massageolie op basis van amandelolie. Essentiële oliën zijn te koop bij de meeste reformwinkels en sommige apotheken. Ze worden ook vaak aangeraden bij slaapstoornissen. Let wel goed op bij het kiezen van aromatherapieproducten: sommige mogen niet gebruikt worden door zwangere vrouwen. U kunt zich het beste laten informeren door een bevoegd aromatherapeut.

Ontspanningstechnieken

Ontspannen is geen passieve activiteit. Er komt een combinatie van fysieke en mentale technieken bij kijken en bovendien volledige concentratie van lichaam en geest.

Toch kunnen de meeste mensen wel een manier vinden waarop ze zich fysiek en mentaal kunnen ontspannen. Velen voelen zich gebaat bij een warm bad. U bereikt het beste effect als u dit een halfuur voor het slapengaan doet. Het drinken van warme melk, kamillethee of een kruidendrank kan ook helpen. Sommige mensen luisteren naar kalmerende muziek.

Een andere populaire methode om te ontspannen is visualisatie. Hierbij roept u beelden op die positieve gevoelens veroorzaken en de geest vrijmaken van zorgwekkende, beangstigende of te drukke beelden. Doordat visualisatie stress vermindert en ontspant, kan ze nuttig zijn bij het inslapen.

Lichte oefeningen zoals spierontspanning, ademhalingstechnieken, meditatie of yoga bereiden ook goed voor op het slapen. Voor deze methoden is misschien enige oefening vereist, maar u kunt er veel baat bij hebben – niet met betrekking tot slapen, maar voor uw algehele welzijn. Zet uw telefoon uit, zodat de ontspanning niet wordt verstoord. Als u weinig baat hebt bij technieken om in slaap te vallen, blijf dan niet in bed liggen woelen. U kunt beter opstaan, de slaapkamer verlaten, ontspannen of naar muziek luisteren en daarna weer proberen te slapen.

Televisie kijken, een spannend boek lezen of een wandeling maken ter afleiding is niet zo'n goed idee: deze activiteiten prikkelen lichaam en geest en kunnen ontspanning, en dus slaap, in de weg staan.

DROOM-VANGERS

Al zo lang als dromen genoemd worden, bestaan er verhalen over mooie dromen, angstaanjagende dromen en over de wens de inhoud van dromen te beheersen. De indianen behoorden tot de eersten die een methode ontwierpen om aangename dromen vast te houden en nachtmerries af te weren. Zij gebruikten een droomvanger. Inmiddels zijn verschillende soorten droomvangers verkrijgbaar en hangen sommigen ze in hun auto als mascotte. Maar de geschiedenis van de droomvanger gaat ver terug en heeft een serieuze, spirituele achtergrond.

De legende over de droomvanger

Dromen zijn erg belangrijk in de traditie van de indianen. Verhalen en legenden wemelen van de nachtmerries die een ramp voorspellen. Volgens het geloof van de indianen zit de lucht 's nachts vol met potentieel voor aangename en nare dromen; beide kunnen de dromer bereiken.

De idee voor de droomvanger ontstond bij de Ojibway en Anishnabe-stammen. De Ojibway geloofden dat dromen het resultaat waren van veel factoren, waarvan toeval een belangrijke was. Dat betekende dat een verontrustende droom bij ieder individu terecht kon komen. De wijzen van de stam, de medicijnmannen, zochten naar een middel om negatieve dromen tegen te houden. Zo ontstond de idee voor de droomvanger.

Wat is een droomvanger?

Beweerd wordt dat een ouder lid van de Anishnabe-stam een van zijn visioenen omschreef. In dat

visioen zag hij een spinnenweb in een hoepel. Aan het web hingen een veer en een kraal, die positieve dromen zouden vasthouden, zo werd hem openbaard, terwijl negatieve dromen hun weg vervolgden. Zo werden de eerste droomvangers gemaakt van wilgenhout, uilenveren en stenen kralen.

Ook nu nog speelt het web een belangrijke rol in de betekenis en de vormgeving van droomvangers. Maar niet alle droomvangers bevatten stenen of kralen.

Hoe werkt het?

De droomvanger wordt opgehangen boven de slaapplek, waar hij 's ochtends de eerste zonnestralen kan opvangen. Volgens de traditie van de indianen zijn bepaalde dromen bestemd voor specifieke personen en bevatten ze boodschappen die alleen voor hen relevant zijn. De droomvanger kan niet voorkomen dat deze dromen hun bestemming bereiken; deze dromen zullen altijd door het web glippen, zodat de dromer de belangrijke symbolen of boodschappen toch zal ontvangen.

De droomvanger kan wel de doelloos rondzwevende nare dromen, die 's nachts rondwaren, tegenhouden. Zonder droomvangers zweven deze dromen ongecontroleerd rond en kunnen ze slapenden lastigvallen. De droomvanger vangt de nare dromen, waarna ze worden vernietigd door de eerste zonnestralen. Een droom die op deze manier wordt gevangen en vernietigd zou de dromer niet kunnen achtervolgen. De droom kan ook niet op zoek gaan naar een andere dromer.

Een aangename droom zou de steen of kraal volgen naar het midden van het web en vandaaruit naar de persoon die onder de droomvanger ligt te slapen. Aangename dromen kunnen beide kanten op door het midden van de droomvanger. Ze kunnen dus steeds opnieuw worden gedroomd door dezelfde persoon of door verschillende dromers.

Veren, lucht en adem

De grootmoeders van de stam gaven de droomvangers hun eerste vorm. Ze werden cadeau gedaan aan pasgetrouwde stellen, voor in hun tent en aan baby's. Voor baby's had de droomvanger een speciale betekenis in verband met de associatie van de veer met lucht en adem, een essentieel element van leven. De baby zou graag kijken naar hoe de veer van de droomvanger slingerde in de lucht en zo het belang leren inzien van zuivere lucht en het daarmee verbonden geschenk van positief leven.

De hoepel en het web

Aan het begin van de 20e eeuw werden droomvangers meestal gemaakt van houten hoepels met een diameter van 87 mm, waarin een web gespannen werd van netelgaren. Het garen werd rood geverfd met sappen van de binnenste schors van de wilde pruimenboom en bloedwortel.

Droomvangers voor baby's en kinderen werden gemaakt van wilgenhout en pezen. Ze waren niet bedoeld voor langdurig gebruik: als het wilgenhout uitdroogde, verloren de pezen hun vorm en viel de droomvanger uit elkaar. Dit verval was een symbool voor de overgang van jeugd naar volwassenheid.

Tegenwoordig worden de meeste droomvangers gemaakt van geweven vezels. In sommige delen van het noordoosten van de Verenigde Staten en Canada hebben droomvangers de vorm van een sneeuwschoen of een traan.

LUCIDE DROMEN

Lucide dromen zijn dromen waarbij de dromer weet dat hij droomt en waarvan de afloop beïnvloed kan worden. Voor de meeste mensen is dit soort dromen zeldzaam, maar het hebben van lucide dromen kan worden aangeleerd. Over de waarde ervan bestaan echter wat twijfels. Volgens sommigen kan het een positieve ervaring zijn om het bewustzijn in droomtoestand te brengen en dromen te beheersen. Anderen vinden dat lucide dromen strijdig zijn met de oorspronkelijke functie van normale dromen: een onbelemmerde uitlaatklep voor het onbewuste.

Bewust dromen

Dat wat later lucide dromen is genoemd, werd al eeuwenlang door mensen uit verschillende culturen omschreven. In enkele wereldreligies hebben lucide dromen mystieke associaties. In de hindoe- en boeddhatradities wordt van bepaalde mensen gedacht dat ze bij bewustzijn blijven als ze dromen. Tibetaanse boeddhisten geloven dat het juist de bedoeling van dromen is het bewustzijn invloed te laten uitoefenen op het onbewuste.

De term 'lucide dromen' werd voor het eerst gebezigd in 1913 door de arts en schrijver Frederik van Eeden. Hij beschreef mentale prikkelingen en een verhoogde staat van bewustzijn tijdens zijn dromen.

Het moment van bewustwording

Lucide dromen zouden een uniek kenmerk hebben: de dromer onthoudt ze meestal. Het lucide deel van de droom slaat meer op de helderheid van het bewustzijnsniveau dan op de duidelijkheid van de droom. De dromer beseft tijdens zo'n droom dat het een droom is; tegelijkertijd kan de droom realistischer worden. Als de dromer dit bewustzijn kan vasthouden, kan hij de gebeurtenissen eventueel beïnvloeden.

Hoe kunt u lucide dromen?

Sommige mensen beleven spontaan lucide dromen, maar de meeste moeten flink oefenen. De eerste stap naar lucide dromen is het herinneren van dromen. Als u eenmaal bekend bent met droomsymbolen en thema's in dromen, kunt u steeds gemakkelijker het punt in uw slaapcyclus herkennen waarop u gaat dromen.

De kans op een lucide droomervaring is het grootst als u goed slaapt. Ontspanningstechnieken kunnen helpen bij de voorbereiding. Het kan helpen tegen uzelf te zeggen als u 's nachts gaat dromen, dat het een lucide droom zal zijn en dat u zult weten dat u aan het dromen bent. Ook het bijhouden van een droomdagboek kan bijdragen. Door de notities in het dagboek kunt u bekende beelden en situaties in dromen herkennen.

Als u voelt dat u overgaat van normaal dromen naar lucide dromen, moet u zich ontspannen. Wees niet geconcentreerd op uw bewustzijn, laat uzelf rustig gaan; dit vergroot de kans op blijven

In de boeddhistische traditie wordt aangenomen dat mensen die erg goed zijn in meditatie al hun dromen als lucide dromen kunnen ervaren.

Mensen uit de sport- of mediawereld hebben er baat bij wedstrijden en presentaties te oefenen en na te spelen in de vorm van visualisatie of een lucide droom.

slapen en dromen. Als u de lucide toestand kunt vasthouden, kunt u een nieuw bewustzijnsniveau bereiken. Hoe vaker dit gebeurt, hoe langer de lucide toestand zal duren en hoe gemakkelijker u de volgende keer weer in deze toestand geraakt.

Diepe ontspanning en visualisatie

Meditatie, zelfhypnose en autosuggestie kunnen allemaal leiden tot een bewustzijnstoestand die lijkt op die van lucide dromen. Deze technieken geven u een indruk van wat lucide dromen zijn. U kunt ze uzelf aanleren, maar de kans op succes is groter met betrouwbare begeleiding.

Als ze succes hebben, brengen deze technieken u in een staat van diepe ontspanning. De geest wordt helemaal gericht op de ademhaling, waarbij de onophoudelijke innerlijke stroom van dialogen, gedachten en beelden genegeerd worden en een bepaalde zin, of mantra, steeds stilletjes wordt herhaald. Als u mentaal en fysiek geheel tot rust bent gekomen, kunt u gecontroleerde beelden in uw gedachte toelaten.

Deze visualisaties kunnen bestaan uit een speciale serene plaats die u in uw leven hebt bezocht of een zelfbedachte locatie. Als u op deze plaats bent aangekomen, kunt u zich voorstellen hoe u zich daar een tijdje ontspant. Net als andere ontspanningstechnieken is visualisatie geen magie en kan het doorzettingsvermogen vereisen. Maar hoe vaker u oefent, hoe gemakkelijker het wordt in deze bewustzijnstoestand te geraken.

U kunt de toestand van diepe ontspanning ook gebruiken om een moeilijke situatie op uw werk of in een relatie te visualiseren. Stelt u zich voor hoe u de obstakels overwint en hoe de situatie wordt opgelost. Net als bij lucide dromen kan dit proces u helpen problemen in het dagelijks leven te overwinnen.

Zijn lucide dromen gevaarlijk?

Er zijn geen berichten over gevaarlijke of negatieve gevolgen van lucide dromen. Sterker nog, lucide dromen kunnen minder bedreigend overkomen dan gewone dromen, omdat u het gevoel hebt de droom te beheersen. Als er iets angstaanjagends in de droom voorkomt, kunt u ervoor zorgen dat het verdwijnt. Zo kunt u ook, als er een collega in voorkomt die u problemen bezorgt, uzelf in de droom de situatie laten oplossen.

Droomtijd

Lucide dromen zijn door onderzoekers gebruikt in een poging vast te stellen hoe lang een droom eigenlijk duurt. Is de tijd in dromen gecomprimeerd, zoals vaak wordt verondersteld, of loopt de tijd in dromen gelijk aan de tijd in werkelijkheid? Een onderzoeksteam van de Stanford-universiteit in Californië vroeg mensen die lucide dromen meemaakten van tevoren afgesproken bewegingen met hun ogen te maken om aan te geven dat ze een bepaalde serie gebeurtenissen in de droom meemaakten. Hun conclusie was dat de tijd in dromen die van de realiteit benadert. Daarnaast konden ze bewijzen dat onnodige episoden, die wel in ons dagelijks leven voorkwamen maar niet nodig waren in de droom, in dromen kunnen worden weggelaten.

REGISTER

I

J

K

L

M

N

O

P

R

S

DANKBETUIGING

De uitgever wil de volgende personen en instanties bedanken voor hun bijdragen (b = boven, o = onder):

Blz. 11b Droom over de jakobsladder, Frans Francken (1581-1642), The Art Archive
Blz. 13o Georgina Martin
Blz. 16/17 Clark/Clinch